AF589833

PROGRAMME

D'UN

COURS DE DROIT ROMAIN,

3e LIVRAISON DE LA 2e PARTIE,

CONTENANT

L'EXPOSÉ HISTORIQUE DES PRINCIPALES RÈGLES DU DROIT ROMAIN

RELATIVES

AUX SOURCES DES OBLIGATIONS;

MATIÈRES TRAITÉES D'APRÈS LES TITRES XIV ET SUIVANTS DU 3e LIVRE,

ET LES PREMIERS TITRES DU 4e LIVRE DES INSTITUTES DE JUSTINIEN

ET PLUS SPÉCIALEMENT D'APRÈS LE COMMENTAIRE 3 DES INSTITUTES DE GAIUS;

PAR M. BENECH,

Chevalier de la Légion-d'Honneur, Avocat à la Cour Royale, Professeur de Droit Romain à la Faculté de Droit de Toulouse.

TROISIÈME ÉDITION,

ENTIÈREMENT REVUE ET CONSIDÉRABLEMENT AUGMENTÉE.

TOULOUSE.

IMPRIMERIE DE Ph. MONTAUBIN,

PETITE RUE SAINT-ROME, 1.

1847.

OBSERVATIONS PRÉLIMINAIRES.

Fidèles à l'engagement que nous avions contracté vis-à-vis de nos Auditeurs dès les premiers jours de cette année, nous sommes heureux de pouvoir leur offrir la troisième livraison de la seconde partie de notre Cours.

Pour mieux en faire connaître l'objet, nous rappellerons sommairement le sujet des trois livraisons qui ont déjà paru.

D'après l'économie générale de notre plan, calqué sur les idées dominantes des Institutes de Justinien, nous avons considéré dans une première division principale le droit relatif aux personnes; c'est le sujet du premier livre des Institutes et de notre première livraison. — Dans une seconde division nous devions traiter du droit relatif aux choses; c'est le sujet des trois autres livres.

Cette seconde division a été subdivisée à son tour en deux branches.

La première enveloppe tout ce qui a trait au droit de propriété proprement dit (*jus in re*); nous lui avons consacré la première et la deuxième livraisons de la seconde partie du Cours.

La seconde branche doit embrasser tout ce qui se réfère au droit à la propriété (*jus ad rem*) c'est-à-dire aux obligations et aux actions. Nous en ferons le sujet de cette livraison.

Toutefois, avant de crayonner la charpente de cette dernière partie de notre travail, nous avons hâte d'expliquer le sens précis que nous attachons à ces locutions : droit de propriété, *jus in re*; droit à la propriété, *jus ad rem*.

Lorsque pour la première fois ces expressions s'échappaient de notre plume esquissant à grands traits les cadres de notre Programme, nous ne nous dissimulions pas le discrédit sous le poids duquel l'École rénovatrice les avait placées.

Pourquoi ne pas le confesser? nulle part on ne les rencontre, ni dans les fragments des jurisconsultes de l'âge d'or de la jurisprudence, ni dans les Constitutions impériales.

Aux yeux des Romains, en effet, les obligations ne conféraient directement ou immédiatement aucun droit à la propriété des choses; tous leurs effets se bornaient à produire des actions contre les personnes enveloppées dans les nœuds de ces obligations.

Paul généralisant cette pensée avec la netteté qui lui est familière, écrivait : *obligationum substantia non in eo consistit ut aliquod corpus nostrum, aut servitutem nostram faciat, sed ut alium nobis obstringat ad dandum aliquid, vel faciendum, vel præstandum* (loi 3, ff. *de obligat. et actionib.*).

Cependant, bien que nous devions accepter les inductions si formelles de ce fragment, nous ne pouvons d'un autre côté ne pas reconnaître que l'obligation établit du moins entre la personne et la chose des rapports indirects et médiats, puisque, en vertu des liens dérivant de l'obligation, la partie obligée transportera sur une autre tête ou la propriété de cette chose, ou un démembrement de cette propriété. Sous ce point de vue, le seul que l'on puisse proposer, les locutions prémentionnées ne sont pas inadmissibles.

Quoi qu'il en soit, les tendances modernes, de jour en jour plus exigeantes, inclinent vers la complète suppression de cette distinction naguère si généralement répandue, et nous même, dociles à cette impulsion en harmonie avec nos convictions personnelles, la ferons entièrement disparaître dans la prochaine refonte de notre travail.

Il est temps d'exposer la méthode qui a présidé à celui que nous venons soumettre aux méditations des jeunes amis de la jurisprudence romaine.

INTRODUCTION

A LA TROISIÈME LIVRAISON DE LA DEUXIÈME PARTIE DU COURS.

Nous l'avions déjà fait pressentir en donnant un aperçu rapide de la marche à suivre pour l'étude des deux derniers livres des Institutes ; à notre avis il n'est pas convenable de séparer l'examen des obligations de celui des actions.

L'action n'est-elle pas à l'obligation ce que l'effet est à la cause, ce que la fille est par rapport à la mère ?

Considérez d'ailleurs dans quelles voies nous aurait engagés la disjonction de ces matières ! Il aurait fallu nécessairement suivre pas à pas la méthode de Tribonien et parler d'après lui, 1° avec les titres 14 et suivants du troisième livre, des deux premières sources des obligations, c'est-à-dire des engagements qui se forment par des contrats et comme par des contrats ; 2° déserter bientôt après cette nomenclature pour expliquer comment les obligations s'éteignent (*Ibid.*, titre 29, *quibus modis tollitur obligatio*) ; 3° la reprendre ensuite pour continuer l'exploration des deux autres sources des obligations, c'est-à-dire l'examen des engagements qui se forment par des délits et comme par des délits (liv. 4, titre 1er et suivants) ; et 4° enfin couronner ce travail par l'exposé de la théorie des actions (*Ibid.*, tit. 6 et suivants).

Est-ce donc là un ordre que l'on puisse convenablement maintenir ? Est-il permis ainsi de bouleverser la génération naturelle de toutes les idées, de disserter sur les conséquences quand on suppose que le principe est déjà détruit, c'est-à-dire de traiter des actions quand on s'est déjà occupé de l'extinction des obligations ?

Nous le comprenons aisément ; cette méthode inexacte et vicieuse a pu sortir inaperçue des mains des compilateurs qui, préoccupés du besoin de faire vite plutôt que du désir de bien faire, se bornèrent trop souvent à réunir à la hâte quelques lambeaux détachés de fragments empruntés à tant d'autorités diverses. * Nous la comprendrions encore (sans toutefois la justifier), si elle devait servir de guide à des travaux destinés à des esprits déjà versés dans la science ; mais dans des ouvrages consacrés à la jeunesse des écoles, nous la déclarons essentiellement dangereuse et faite pour égarer les premiers pas de ceux qui entrent dans la carrière.

Nous n'avons donc pu lui donner notre assentiment, malgré les exemples nombreux qui sembleraient devoir la légitimer.

Accorder à l'enchaînement rationnel des principes une prépondérance exclusive, telle est la base sur laquelle repose tout notre enseignement.

Dans ces matières nous avons cru reconnaître encore et plus que partout ailleurs les avantages de ce système, et dès-lors, sous l'influence de ses inspirations, nous avons adopté le plan qui suit pour l'étude des obligations et des actions :

Explorer dans une *première partie* les causes efficientes ou les sources des obligations;

Dans une *seconde partie*, les effets des obligations, c'est-à-dire des actions;

Et dans une *troisième et dernière partie*, parler de l'extinction des obligations.

Ainsi, selon nous, l'obligation naît et se développe ; elle devient féconde à son tour; elle produit l'action et s'éteint. — Ce plan est évidemment l'expression la plus simple et par cela même la plus vraie de la filiation des idées, l'application à ces théories de la destinée commune à la plupart des choses et des institutions humaines.

Ce n'est pas qu'en nous arrêtant à cette économie, nous ayons eu l'intention de prétendre que la progression dont elle se compose se réalise toujours dans la pratique de la vie civile des Romains.

En effet, l'obligation n'est pas toujours fécondée ; elle s'éteint, dans plusieurs circonstances, sans avoir produit une action, notamment toutes les fois que le débiteur satisfait

* Les Institutes sont néanmoins l'élément le moins imparfait de la Codification de Justinien. — Nous l'expliquons par cette considération, que Tribonien et ses collaborateurs suivaient presque toujours d'une manière servile, les errements de Gaius. — Toutefois cette circonstance ne justifie pas le désordre que nous reprochons ici á Tribonien, avec d'autant plus de raison que la méthode de Gaius était en somme moins défectueuse en cette partie que celle des compilateurs de Justinien.

à ses engagements sans attendre les poursuites de son créancier. — Nous ne devions cependant pas nous laisser influencer par ces considérations accessoires pour la théorie, alors qu'il n'était question pour nous que d'atteindre un seul but, c'est-à-dire de renverser la série des titres des Institutes mal coordonnés et de les reconstruire sur des proportions plus faciles pour l'intelligence et pour la mémoire.

On pourrait, nous ne l'ignorons pas, censurer vivement notre méthode par ce motif que toutes les actions ne dérivent pas des obligations. — Cette observation ne serait pas inexacte; les actions qui ont trait à la revendication directe de la propriété d'un corps certain et déterminé ou d'un droit réel quelconque ont une autre source que les obligations proprement dites.

Que faut-il induire de là? que nos cadres ne sont pas complets, en ce sens qu'ils n'embrassent pas toutes les parties du droit romain; mais cette extension n'était pas possible dans un travail qui doit se rapporter exclusivement aux Institutes de Justinien. — D'ailleurs les obligations, on ne saurait le contester, sont la source la plus abondante des actions. Celui qui traite des premières, traite par cela même des secondes, dit Théophile, l'un des collaborateurs de Tribonien: *qui de obligationibus disserit, tacitè et de actionibus disserit; matres enim actionum sunt obligationes.* *

On peut dire enfin avec Doneau que dans les actions réelles caractérisées et définies par les textes des §§ 1 et 2 du tit. 6 du 4e livre des Institutes *de actionibus*, le défendeur est obligé vis-à-vis du demandeur comme par un contrat, par cela seul qu'il détient l'objet appartenant à autrui. **

Ainsi tombent tour à tour les diverses objections qui s'étaient d'abord présentées à notre esprit, lorsque nous avons eu à nous prononcer sur le choix de la méthode à laquelle nous nous sommes, en dernière analyse, attachés avec d'autant plus de confiance qu'elle a présidé à la rédaction du titre VII du liv. XLIV du Digeste *de obligat. et actionib.*, obtenu les suffrages de Cujas et servi de base aux élucubrations les plus récentes des jurisconsultes d'outre-Rhin.

Personne ne méconnait les causes qui rendent ces élucubrations si précieuses pour nous, surtout lorsqu'il s'agit des matières que nous devons traiter; c'est qu'elles ont été élaborées à la lueur des principes révélés par la découverte des Institutes de Gaius.

* Paraphrase des Institutes, *Edition de Reitz*, tome 2, page 613.

** Blondeau a reproduit cette opinion dans la Thémis, tome 1, page 113.

Avant cette découverte, les docteurs les plus estimés, ceux-là même en qui l'Ecole aimera longtemps à reconnaître des guides, n'avaient eu sur les actions que des notions peu exactes. Il est facile de s'en convaincre si on médite les idées des jurisconsultes les plus habiles du seixième siècle. On les voit le plus souvent obligés de hasarder des conjectures toujours plus ou moins éloignées des théories modernes, et marchant comme par tâtonnement dans une voie incertaine. — Qui ne sait que tout récemment encore, des légistes d'un mérite peu ordinaire ont émis sur quelques parties des actions, des opinions dont la fausseté est maintenant palpable ? Gaius seul nous offre des documents exacts et des notions précises sur tout ce qui a trait, par exemple, et aux *legis actiones* qui furent en vigueur jusqu'aux lois *Æbutia* et *Julia*, et à la procédure *formulaire* qui succédant aux *legis actiones* fut suivie jusqu'au 4e siècle de l'ère chrétienne, pour faire place à son tour aux *judicia extraordinaria* devenus le droit commun du Bas-Empire.

On comprend dès-lors que sous tous ces points de vue les Institutes de l'empereur Justinien ne présentent plus pour nous qu'un intérêt secondaire, et que nous devons persévérer dans le vœu par nous émis * de voir le Palimpseste de Vérone substitué, pour l'enseignement du Droit, à ces Institutes.

* *Vid.* la deuxième Édition de notre première Livraison. — Nous sommes heureux que cette opinion ait reçu l'approbation de M. le Doyen de la Faculté de Droit de Paris, qui exprime un vœu semblable dans le discours qu'il a prononcé le 10 janvier 1837, en sa qualité de président du concours ouvert devant cette Faculté.

INSTITUTES DE JUSTINIEN.

LIVRE TROISIÈME,

TITRE XIV ET SUIVANTS,

ET LIVRE 4 EN ENTIER.

DEUXIÈME SUBDIVISION DE LA SECONDE PARTIE DU COURS

DES OBLIGATIONS ET DES ACTIONS.

PREMIÈRE PARTIE.

SOURCES DES OBLIGATIONS.

Prolégomènes. — Subdivision de cette première Partie.

Le mot *Obligation* (*obligare*) paraît avoir été longtemps inconnu aux Romains. M. Hugo fait remarquer * qu'on ne le trouve pas mentionné une seule fois dans les monuments de l'ancienne jurisprudence , et notamment dans la loi des Douze Tables. — Une locution encore plus énergique , *nexus*, était probablement seule usitée pour indiquer le lien qui attachait le débiteur à son créancier : *si quis* NEXUM *faciet,.. , uti lingua nuncupassit , ita jus esto ,* disaient les Décemvirs , dont le langage était aussi inflexible que l'airain sur lequel il s'immobilisa. — *L'obligation* est devenue un terme technique sous la plume des jurisconsultes du beau siècle de la jurisprudence.

Le jurisconsulte Paul , on le sait , nous a donné une idée exacte des obligations lorsqu'il a écrit : *Obligationum substantia non in eo constitit ut aliquot corpus nostrum , aut servitutem nostram faciat ; sed ut alium nobis obstringat ad dandum aliquid , vel faciendum , vel prœstandum* (loi 3 , ff. , *de obligat. et actionib.*).

* Histoire du Droit Romain , tom. 1er , page 176 et suivantes.

Il n'est donc pas dans la nature des obligations de nous investir par leur propre force de la propriété d'un objet ou d'un droit réel quelconque. Impuissantes pour produire cet effet d'une manière directe et immédiate ; elles n'ont d'autre objet et d'autre résultat que d'établir entre les personnes des rapports, des liens de droit (*vinculum juris*) dont l'effet médiat sera ou la translation de la propriété (*dandum aliquid*) ou la réalisation d'un fait (*faciendum*) ou la prestation d'une chose ou d'un fait (*præstandum*).

Tribonien reproduit les mêmes idées, lorsqu'il a défini l'*obligation : Juris vinculum, quo necessitate adstringimur, alicujus rei solvendæ secundum nostræ civitatis jura* (Inst. liv. 3, tit. XIV, *de obligat. ad præm.*).

Ce lien formé, dès l'origine, par le concours des volontés ne peut plus tard se dissoudre (*solvitur*) que par ce même concours, ou par l'exécution de l'engagement qui en résulte, exécution (*solutio*) qui présente d'ailleurs des nuances aussi multiples que les engagements ; SOLUTIONIS *verbum pertinet ad omnem liberationem quoquo modo factam* disait le jurisconsulte Paul (loi 54, ff. *de solut. et liberat.*).

Le moyen légal accordé à celui en faveur duquel l'obligation existe pour contraindre l'autre à l'exécuter, consiste dans une *action* que le jurisconsulte Celsus, et après lui Tribonien, ont définie : *Jus persequendi in judicio quod sibi debetur* (Inst. liv. 4, tit. VI, *de actionibus ad præm.*).

L'action est donc la sanction de l'obligation ; nous l'avons déjà dit ; il y a entr'elles la corrélation qui unit la cause et l'effet.

Toutes les obligations ne produisaient cependant pas une action, car d'après le texte même qui les définit, il ne peut y avoir de lien obligatoire formé que par celles qui sont établies conformément au droit civil des Romains... *secundum nostræ civitatis jura.* — Mais après l'institution des Préteurs, le droit civil, on l'a vu lors de l'examen des sources du droit, se subdivisa en droit civil proprement dit et en droit honoraire, et dès-lors par une conséquence naturelle de l'autorité dont leurs Édits furent revêtus et des innovations qu'ils introduisirent, on distingua à côté des obligations *civiles* des obligations *Prétoriennes* ou honoraires, selon qu'elles reposaient sur l'une ou l'autre de ces deux grandes branches du droit. — Telle est la division la plus large que nous offre Tribonien d'après Modestinus dans le § 1er du titre précité : *Omnium autem obligationum summa divisio in duo genera deducitur, namque aut* CIVILES *sunt aut* PRÆTORIÆ.

Avant d'examiner la manière dont se forment ces diverses obligations, ou plutôt les sources d'où elles dérivent, il importe de noter une autre division des obligations dont Tribonien ne parle pas, et qui n'en est pas moins digne d'intérêt. C'est la division tripartite en obligations purement *civiles*, obligations *naturelles*, et obligations *mixtes*.

Le droit national des Romains était très-rigoureux en matière d'engagements. — Dès que les parties avaient la capacité de s'obliger, si d'ailleurs elles avaient prononcé les paroles sacramentelles dont nous parlerons bientôt, l'obligation était valable ; sanctionnée par la lettre des lois, elle devait être religieusement exécutée. Cependant si l'équité répugnait à cette exécution, si le débiteur avait été victime du dol, de la crainte, de la violence, le droit prétorien venait à son secours, et lui offrait une exception de nature à rendre inefficace l'action qui avait été injustement dirigée contre lui (Inst. liv. 4, tit. XIII, § 1 et 2). — Tel était le caractère de l'obligation purement *civile*. — Elle formait un contraste saillant avec l'obligation *naturelle* qui n'était qu'un lien formé par l'équité (*vinculum æquitatis*), en dehors des prescriptions du droit civil. — La marche générale de l'histoire du droit nous engage à penser que les obligations naturelles furent longtemps sans aucune force chez les Romains qui, d'après leurs idées dominantes et le degré primitif de leur civilisation, ne voyaient rien en dehors du droit positif *. — On ne les trouve en général mentionnées que par les jurisconsultes de la 3e période. — Ulpien les a classées (loi 1re, § 1, ff. *de novat. et delegationibus*) ; d'autres fragments du digeste (lois 5, 10, 14, ff. *de oblig. et act.*) s'en occupent encore. Tribonien lui-même en parle dans le § 1er du tit. 21 du 3e livre de *fidejussoribus* ; mais la théorie la plus sûre qui puisse se baser sur ces fragments, quelquefois opposés, c'est qu'en principe l'obligation naturelle produisait une exception sans produire une action.

L'obligation *mixte* était, d'après la portée même de ce mot, complexe, en ce sens, qu'au lien du droit civil venait se joindre le lien de l'équité, circonstance qui assurait à cette obligation un rang privilégié par rapport aux deux autres.

La seconde division que nous rencontrons dans le texte des Institutes, est prise dans les causes efficientes des obligations. Les obligations, dit ce texte (§ 2, *ibid.*),

* Hugo, *ibid.*, page 117.

se forment par un contrat, comme par un contrat; par un délit, ou comme par un délit; *aut enim ex contractu nascuntur, aut quasi ex contractu, aut ex maleficio, aut quasi ex maleficio.* — Cette division n'est pas émanée de Gaius, qui ne distinguait que deux causes principales des obligations, savoir : les contrats et les délits; *omnis obligatio vel ex contractu nascitur, vel ex delicto* (Inst. comment. 3, § 88), et il ajoutait pour embrasser toutes les causes analogues à celles dont il venait de parler.... *aut proprio quodam jure ex variis causarum figuris.* (*L.* 1er, ff. *ad prœm. de obligat. et action.*).

Cette seconde classification, éminemment synthétique, est peut-être préférable à la première. M. Hugo estime qu'elle est plus favorable à l'enseignement que celle de Tribonien. Nous l'avions adoptée au premier abord, et on la retrouverait prédominante dans nos cadres, si après de nouvelles réflexions, nous n'avions craint de trop effacer la série des titres des Institutes de Justinien.

En maintenant par ces motifs la méthode de Tribonien, nous subdiviserons cette première partie en quatre titres. Il est presque oiseux de faire remarquer que chacun d'eux aura pour sujet l'une des quatre sources d'obligations que nous venons de mentionner.

TITRE 1er.

Des Obligations qui dérivent des CONTRATS.

S'il est exact de dire que tous les *contrats* produisent des obligations, il n'est pas également exact de prétendre que toutes les conventions constituent des CONTRATS, et par cela même qu'elles sont toutes obligatoires.

Toute convention est, sans doute, le résultat du concours de deux volontés relativement au même objet, *in idem placitum....* car le mot *convention* est générique, disait Ulpien (loi 1re, § 3, ff. *de pactis*), CONVENTIONIS *verbum generale est, ad omnia pertinens... Nam sicuti convenire dicuntur, qui ex diversis locis in unum locum colliguntur et veniunt, ita, qui ex diversis animi motibus, in unum consentiunt, id est, in unam sententiam decurrunt.* — Mais bien que ce concours de volontés fût émané de personnes capables de s'engager et relativement à des objets licites, les Romains ne lui attribuèrent pas indistinctement la force obligatoire.

Pour que la convention fût vivifiée et protégée par une action juridique, en d'autres termes pour qu'elle renfermât ce *nexus*, ce *vinculum juris*, qui est le nerf sanctionnateur des engagements, il fallait ou qu'une chose eût été déjà livrée en vertu de l'accord intervenu, ou que la convention eût été exécutée par l'une des parties, ou bien qu'en l'absence de ces deux conditions, des paroles sacramentelles eussent été prononcées au moment où la convention avait eu lieu. Quant aux conventions qui ne pouvaient rentrer dans aucune de ces trois catégories, elles n'étaient pas obligatoires aux yeux du droit civil. Destituées du *vinculum juris*, deshéritées par cela même de toute action, elles ne produisaient qu'une *exception*, pour faire maintenir ce qui avait pu être exécuté en vertu de leurs termes. On les désigna sous le nom de *Pactes* (*Pactum*, *Pactio*, *nudum Pactum*, l. 7, 45, ff. *de Pact.*). A celles au contraire qui étaient productives d'une action juridique, les Romains donnèrent par la suite le nom de *contrats nommés* (*contractus nominati*) lorsque à cause de leur fréquence, on crut devoir les individualiser par un nom spécial (*transierunt in proprium nomen contractus*) comme par exemple le *commodat*, le *dépôt*, et de *contrats innommés*, lorsque cette individualisation n'avait pas été faite. — L'action juridique spécialement créée pour le contrat nommé porta la même désignation que celui-ci; on disait donc *actio commodati*, *actio depositi*. Celle à laquelle on recourait à l'égard des contrats innommés fut qualifiée d'*actio ex præscriptis verbis*, probablement parce qu'en tête de la formule par laquelle il accordait l'action, le Préteur mentionnait les faits particuliers qui donnaient lieu au litige, et sur lesquels le juge aurait à prononcer: *initio formulæ nominato eo quod factum est.* (Gaius. Instit., com. 4, § 46) *.

* Indépendamment de ces distinctions fondamentales, on admet d'autres classifications pour les contrats, que l'on divise en contrats *uni-latéraux* et *bi-latéraux*, en contrats *bonæ fidei* et contrats *stricti juris*.

Les contrats *uni-latéraux* sont ceux dans lesquels une seule des parties est obligée. — Les contrats *bi-latéraux* ou *synalagmatiques*, ceux dans lesquels les deux parties sont obligées respectivement l'une vis-à-vis de l'autre.

Les contrats *bi-latéraux* se subdivisent en contrats *bi-latéraux parfaits*, qui dès l'origine, *ab initio*, renferment des obligations *ex utraque parte*, et en contrats *bi-latéraux imparfaits*, qui renfermant, *ab initio*, des obligations pour l'un des contractants seulement, n'en imposent à l'autre que par l'effet d'événements postérieurs, *ex post facto*.

Par contrats *bonæ fidei*, on entend ceux à l'égard desquels le juge peut supléer *ex æquo et bono* aux omissions des parties, et par contrats *stricti juris* ceux dans lesquels la lettre des conventions doit être *religieusement ordonnée*.

Les contrats innommés étaient aussi multiples, aussi nuancés que les exigences de la vie, que les besoins du commerce. On embrassait dans les quatre causes suivantes les divers motifs d'intérêt qui pouvaient déterminer les hommes à s'engager réciproquement, *do ut des, do ut facias, facio ut des, facio ut facias.* (Paul, loi 5, ff. *de præscrip. verb.*).

Dans le cours de la deuxième période du droit, le territoire de la republique s'étant agrandi, les rapports sociaux de citoyen à citoyen, et bientôt d'homme à homme, s'étant développés, tous les éléments du commerce ayant pris de l'extension sous l'influence du mouvement qui s'était dessiné, de nombreuses innovations vinrent élargir le cercle des conventions obligatoires, c'est-à-dire des contrats.

L'écriture (*litteræ*) devint la cause de certaines obligations ; d'un autre côté on vit d'autres obligations se former par le seul consentement des parties (*solo consensu*), c'est-à-dire, indépendamment de toute tradition, de toute exécution de la part de l'un des contractants, et de toutes paroles sacramentelles.

Les Préteurs déclarèrent à leur tour certains pactes obligatoires ; — le droit civil lui-même établit des innovations de ce genre ; — enfin, dans certaines conventions les pactes ajoutés immédiatement (*in continenti*), eurent la même force que ces conventions elles-mêmes.

Il y eut dès-lors progression marquée à l'égard des pactes comme à l'égard des coutrats. — Celle des contrats se développe de la manière suivante, et ce développement calqué sur l'histoire du peuple Romain est d'ailleurs en harmonie avec la marche de toute civilisation : 1° Les *faits*, c'est-à-dire la tradition d'une chose ou l'exécution de la convention de la part de l'une des parties, exécution à laquelle les textes donnent le nom de *causa, causa civilis* (l. 7 *de pact.*) ; 2° Les paroles formulées (*verba*) ; 3° L'écriture (*litteræ*), 4° Enfin le seul consentement (*consensus*) à l'égard de certaines conventions privilégiées dont nous parlerons plus tard.

Tel était l'état des principes lorsque les jurisconsultes de la troisième période écrivirent sur le droit. — Leurs classifications résumèrent tous les faits historiques dont nous venons de donner une idée. Dans ses Institutes comm. 3, § 90, Gaius disait, en parlant des obligations dérivant des contrats : *Harum quatuor genera sunt ; aut enim* RE *contrahitur obligatio, aut* VERBIS, *aut* LITTERIS, *aut* CONSENSU. Les compilateurs de la quatrième période n'ont retranché de cette classification, dans la rédaction du Digeste, que l'obligation qui se formait *litteris* ; Tribonien l'a cependant conservée intacte dans ses Institutes, où il maintient sans altération la méthode de Gaius, qui avait eu lui-même égard, comme on le voit, à la manière dont le droit s'était successivement développé.

Nous aurons dès-lors à examiner tour à tour, les obligations qui se formaient dès l'origine et par la tradition d'une chose ou par les paroles sacramentelles, et plus tard par l'écriture et par le seul consentement. En d'autres termes et pour rentrer dans l'économie de notre plan, la tradition d'une chose, les paroles, l'écriture, le seul consentement *, seront considérés tour à tour comme la cause efficiente ou comme la source de certains contrats et par cela même de certaines obligations.

CHAPITRE Ier.

Des contrats qui se forment par la tradition d'une chose (quibus modis re contrahitur obligatio).

La tradition d'une chose, d'après l'intention de celui qui la livre comme dans l'intention de celui qui la reçoit, est loin d'avoir toujours le même objet, et par cela même de produire les mêmes obligations.

En effet, elle a quelquefois pour but 1o de transférer la propriété à celui qui la reçoit ; 2o d'autres fois elle ne lui confère que le simple droit de s'en servir ; 3o dans certains cas elle n'a pour objet que de lui en confier la garde ; 4o quelquefois enfin elle se borne à lui fournir des sûretés.

Reprenons cette proposition.

I. Nous venons de dire que la tradition de la chose avait quelquefois pour but de la part de celui qui la livre d'en transférer la propriété à celui qui la reçoit. Si ce transfert est gratuit, par exemple, la tradition constituera une donation (*doni datio*) dont nous avons déjà expliqué les caractères**. Que si au contraire la tradition n'a été faite qu'à condition de la part de celui qui a reçu et qui est devenu propriétaire, de restituer à une époque convenue des quantités et des qualités de même espèce, cette tradition et cette réception donneront naissance à un contrat que les Romains avaient individualisé sous le nom de *mutuum*.

* Nous n'entendons toutefois assigner ici aucun rang respectif entre les obligations formées par l'écriture (*litteris*), et celles qui se formaient par le seul consentement (*solo consensu*).

** Voyez la 2e Livraison de la 2e partie, pag. 60 et suivantes.

Gaius (comm. 3, § 90, et d'après lui Tribonien *ad præmium*, *ibidem*), expliquent avec une grande concision les obligations que le *mutuum* impose à la partie qui a reçu. Tous les points de doctrine renfermés dans ces textes se rapportent aux trois points suivants : 1° le *mutuum* (que les modernes appellent prêt *de consommation*) ne peut se former que par la tradition de choses *quæ in pondere*, *numero*, *mensuràve constant*, qui consistent en poids, en nombre et mesure, c'est-à-dire que l'on peut facilement remplacer par d'autres, *res quæ permutationem recipiunt*, et que les interprètes désignent sous le nom de choses fongibles par allusion à ce passage du jurisconsulte Paul (loi 2, § 1, ff. *de Rebus credit...*) *quæ* FUNCTIONEM *in suo genere recipiunt*.

Les choses fongibles d'après leur nature se consomment par le premier usage que l'on en fait, *primo usu consumuntur*. De ce nombre, dit le texte des Institutes de Justinien (*ibidem*) sont le vin, l'huile, le froment, l'argent monnoyé, etc., etc. *. Toutefois il importe de remarquer que la volonté des parties clairement démontrée pourra enlever à ces choses le caractère dérivant de leur nature, et changer ainsi le caractère du contrat, comme aussi la même volonté pourra attribuer le caractère des choses fongibles, à celles qui, d'après leur nature, n'étant pas susceptibles d'être consommées *primo usu* auraient été classées dans la catégorie des choses fongibles. Ainsi, dans le premier sens, pour nous servir des exemples de l'auteur qui a récemment reproduit la théorie que nous venons de résumer **, bien que des *fruits* soient de leur nature une

* C'est très-certainement par le prêt des choses fongibles susceptibles d'une consommation *naturelle*, et par cela même nécessaires pour les premiers besoins de la vie, que le *mutuum* a commencé. — Le prêt *d'argent*, proprement dit, n'a pu commencer que plus tard, par les raisons décisives qu'en donne Paul dans un de ses fragments (*l.* 1a ff. *de cont. emp.*) que nous examinerons au titre de la vente. — L'ordre dans lequel sont classées les choses fongibles, par Tribonien, est donc préférable à celui de Gaius (Comm. 3, § 90).

** M. Bravard-Veyrières, *de l'Étude du Droit Romain*, *pag.* 124 *et suivantes*. — Cette production, au sujet de laquelle nous avons cru devoir présenter quelques observations, que les rédacteurs du *Mémorial de Jurisprudence de Toulouse*, ont bien voulu publier dans leur livraison du mois de Février dernier, a causé une assez vive sensation dans le monde savant. — Tout ce que l'auteur a écrit sur les réformes à opérer dans l'enseignement du Droit Romain nous a paru fort judicieux ; mais en retour, la presse Parisienne qui s'est montrée juste en rendant hommage aux intentions comme au talent depuis longtemps éprouvé de M.

chose fongible, ils ne seront pas considérés comme tels dans les mains de l'avare qui les aura empruntés *ad pompam et ostentationem*. La tradition de ces fruits constituera non un *mutuum*, mais un *commodatum* (prêt à usage) et réciproquement, bien qu'un *livre* soit de sa nature une chose *non fongible*, il y aura néanmoins *mutuum* dans le cas de la tradition d'un ou de plusieurs exemplaires d'un ouvrage faite à un libraire, à la charge par celui-ci d'en restituer un nombre égal de la même édition.

2° Celui qui reçoit la chose (l'emprunteur) acquiert, par l'effet de la tradition et de l'intention de celui qui l'a faite, la propriété des objets livrés... *quas res... in hoc damus ut accipientium fiant* (Gaius *ibidem*) pourvu toutefois que celui qui a livré (le prêteur) ait la capacité de disposer (Instit., livre 2, tit. 8, *quibus alien. licet vel non*, § 2). — L'emprunteur peut donc en user de la manière la plus absolue. — Si elle périt, il supporte seul cette perte, en ce sens qu'il n'est pas affranchi des obligations dont nous allons parler. — Ce transfert de la propriété des choses livrées constitue le caractère distinctif de ce contrat qui (s'il faut s'en rapporter à l'étymologie des textes) aurait même puisé son nom dans les effets qu'il produit ; *inde etiam* MUTUUM *appellatum est, quia ita à me tibi datur ut ex* MEO TUUM *fiat*. (*Inst. quib. mod. re contrah. obligat. ad prœm.*).

3° La réception de la chose impose à l'emprunteur l'obligation de la restituer, non identiquement en nature, car l'usage qu'il en a fait en a nécessairement absorbé la substance, mais par des *équivalents*, c'est-à-dire par la restitution de choses, de même quantité et qualité, non *eædem res, sed aliæ ejusdem naturæ et qualitatis redduntur* (Inst. *ibidem*). Ainsi, pour nous saisir de l'espèce que nous offre (quoique dans un autre objet) Gaius dans un des fragments du Digeste (loi 74, *de obligat. et actionib.*), si on a livré VINI CAMPANI, OPTIMI, AMPHORAS CENTUM, l'emprunteur devra restituer du vin de la même qualité, dans une quantité égale et du même âge, (*Pomponius*, loi 3, ff. *de rebus creditis*).

Ce n'est donc pas à *l'identité* des substances que s'atta-

Bravard, a glissé trop légèrement, selon nous, sur les conclusions des deux premières parties de l'ouvrage relatives à l'utilité scientifique et pratique de l'étude de la Codification de Justinien.

Vid. encore, au sujet de cette théorie, M. Ducaurroy, Instit expliq., tom. 3e, pag. 17 et suiv.

chez les parties dans ce contrat, mais seulement à la *similitude générique*, à *l'homogénéité* des quantités.

D'après la dernière partie de notre texte (*ibid.*), l'action qui dérivait du *mutuum* était la *condictio* dont nous aurons occasion de parler plus tard.

II. En livrant la chose, le propriétaire, maître d'en disposer, n'a pas toujours l'intention, nous l'avons dit, d'en transférer la propriété ; la tradition qui s'est réalisée peut n'avoir eu d'autre objet que d'attribuer à celui qui l'a reçue la faculté de s'en servir (*uti*) pendant un temps donné.

Alors se forme un contrat bien différent du précédent, que les Romains ont spécialisé sous le nom de *commodatum* (commodat) et auquel les modernes ont donné la qualification de *prêt à usage*.

Le commodataire ne devient pas propriétaire comme dans le *mutuum* ; tout son droit se borne à se servir de la chose (qui doit être prise dans la classe des choses non fongibles) d'une manière conforme à sa nature et à la destination pour laquelle elle lui a été livrée. Cette destination ne peut être arbitrairement changée à l'insu du commodant, sans que le commodataire ne s'expose dans certains cas à commettre un vol. (Inst. *de obligat. quæ ex delicto nascunt.* § 1er et suivants). — Le prêt qui lui en est fait doit d'ailleurs être gratuit, car si en retour de l'usage qu'il en retirera le commodataire avait promis un salaire, une rétribution quelconque, le contrat aurait revêtu un autre caractère, il aurait constitué tantôt un louage (*locatio conductio*), tantôt un autre contrat nommé ou innommé, d'après la nature des conventions et non un commodat... *Gratuitum debet esse commodatum*, dit Tribonien dans le dernier membre du § 2 *ibidem ; alioquin mercede interveniente, locatus tibi usus rei videtur.*

Le commodataire ne devenant pas propriétaire, est tenu, à l'époque convenue, de restituer au commodant la chose elle-même, *identiquement*, sans pouvoir, comme dans le *mutuum*, la remplacer par des équivalents *ejusdem naturæ et qualitatis*. Ici c'est à *l'identité* des objets que les contractants se sont exclusivement attachés... *Is, cui res aliqua utenda datur, id est commodatur.... ab eo qui mutuum accepit longe distat ; namque non ita res datur ut ejus fiat, et ob id de* EA RE IPSA *restituendà tenetur.* (§ 2. *ibidem*).

En retour et par une conséquence naturelle de ces principes, tandis que dans le *mutuum* l'emprunteur n'est pas libéré, par la perte des quantités reçues, de l'obligation de restituer, dans le commodat au contraire il est affranchi de plein droit de ce devoir, lorsque la chose vient à périr par un cas fortuit (*ibid.*). Pourquoi ? parce que se trouvant obligé, d'après la nature du contrat, de restituer identiquement le corps qu'il a reçu, son obligation est devenue impossible par l'effet de la perte de ce corps.... *Debitores certi corporis, ejus interitu liberantur.*

Que si la chose avait péri par une faute quelconque de sa part, si détruite dans ses mains, elle se fût conservée au pouvoir d'un autre plus actif ou plus prévoyant que lui, il serait alors garant de la perte totale comme de la simple détérioration ou dégradation qu'une surveillance plus sévère que la sienne aurait évitée (*ibidem*).

Cette responsabilité de l'emprunteur est fondée en raison. En effet, nous l'avons vu, le commodat est essentiellement gratuit. D'un autre côté l'emprunteur est le plus souvent le seul qui profite du contrat, du moins on admet ici que le commodat s'est formé pour son avantage exclusif...* N'est-il pas juste dès-lors, qu'il soit assujetti à une surveillance des plus rigoureuses et qu'on le rende responsable de toutes les fautes ou de la négligence la plus légère qu'on aurait à lui reprocher. Tribonien caractérise ainsi cette responsabilité : *is qui utendum accepit, sane quidem exactam diligentiam custodiendæ rei præstare jubetur, nec sufficit ei tantam diligentiam adhibuisse quantam suis rebus adhibere solitus est, si modo alius diligentior poterat eam custodire* (*ibid.*)

Du contrat dont nous venons de parler naissaient deux actions *commodati*, dont l'une (*actio directa*) était attribuée au commodant contre le commodataire pour le contraindre à l'exécution de son obligation, c'est-à-dire à la restitution, *in specie*, de la chose, et à la prestation** des fautes qu'il aurait pu commettre, et l'autre (*actio contraria*) accordée au commodataire contre le commodant, pour l'obliger à l'indemniser des dépenses extraordinaires qu'auraient exigées de lui la conservation de la chose, ou du préjudice que lui aurait causé le commodat par suite des défauts et des vices qu'avait l'objet prêté, si ces vices étaient connus du commodant et ignorés du commodataire. Le principe de l'action directe prend toujours naissance en

* Le commodat existe quelquefois dans l'intérêt exclusif du commodant. (l. 5, § 10, ff. *commodat. vel cont.*

** On entend par prestation d'une faute, la réparation du dommage que cette faute a causé.

même temps que le contrat; il existe *ab initio*, tandis que, l'action contraire, purement accidentelle, ne prend naissance que dans des événements postérieurs au contrat lui-même.

Le *mutuum* ne donne jamais lieu qu'à une action directe, la *condictio* au profit du prêteur; cette action est de droit étroit *stricti juris*, tandis que les actions *directa* et *contraria commodati* sont *bonæ fidei*. — Ces différences sont importantes; nous les expliquerons au titre des actions (Inst., liv. 4, tit. 6, *de actionibus*, § 30).

III. De simples idées de *conservation* peuvent présider, nous l'avons énoncé, à la tradition d'une chose, car il arrive souvent que celui qui la livre n'entend en confier à celui qui la reçoit, que la *garde* (*custodiam*) en se réservant le droit de la reprendre, lorsqu'il le jugera convenable. — La tradition déterminée par cette intention devient le principe générateur d'un contrat, que tous les textes désignent sous le nom de *depositum* (dépôt). Ulpien voulant expliquer l'étymologie de ce mot, a écrit : *Depositum est quod custodiendum alicui datum est;* et aussitôt il ajoute : *Dictum ex eo quod* PONITUR *: præpositio enim* DE, *auget depositum, ut ostendat totius fidei ejus commissum quod ad custodiam rei pertinet* (Loi 1re, ff., *depositi*. — Cette explication nous paraît préférable, malgré l'autorité de Cujas, à celle de Paul qui a écrit dans ses sentences : *depositum est quasi* DIU POSITUM (Lib. 2, tit. 12, *de deposit.*).

A la différence du commodataire, le dépositaire ne peut faire aucun usage de la chose déposée. — Si le déposant lui avait donné une semblable autorisation, il n'y aurait pas dépôt, mais un tout autre contrat, c'est-à-dire, un *mutuum*, lorsque la tradition a pour objet des choses fongibles, et un *commodat*, lorsqu'elle a pour objet des choses non fongibles (Paul, *ibid.*, § 9). — Que s'il s'en servait frauduleusement sans l'autorisation du déposant, il se rendrait coupable d'un vol, car il y aurait *contrectatio fraudulosa* USUS (Inst., liv. 4, tit. 1er, *de obligat. quæ ex delicto nascunt.*, § 1 et 6) — Aux yeux des Romains (et nos idées n'ont pu changer à cet égard), le dépôt est une chose sacrée, *res sacra depositum*. — Ce peuple se montra constamment pénétré d'un saint respect pour la foi promise. On connaît la sentence prononcée contre ceux qui oseraient la violer : *grave est fidem fallere*. — Aussi celui qui se mettait dans l'impossibilité de restituer le dépôt, pouvait être frappé d'une condamnation infamante, et l'action que l'on avait contre lui n'en était pas moins perpétuelle. *Depositi damnatus infamis est*, disait le jurisconsulte Herennius-Modestinus dans un de ses fragments (*lib. different. secund. de deposit.*).

Le dépôt a cela de commun avec le *commodat* 1° qu'il doit être *gratuit* pour ne pas se confondre avec le *louage* ou tout autre contrat ; 2° qu'il oblige le dépositaire à la restitution de la substance identique qui a été déposée, *de eâ re quam accepit restituenda tenetur.* Mais ces deux contrats diffèrent en ce que le dépôt suppose toujours la tradition d'une chose mobilière (Ulp., loi 1re *ibid.*), fongible ou non fongible, tandis que dans le *commodat*, la chose doit être non fongible et peut d'ailleurs être prise dans la catégorie des choses immobilières (*l.* 1a, ff. *commodat. vel cont.*).

Parmi plusieurs autres différences, le paragraphe 3 de notre titre aux Institutes de Justinien fait ressortir celle qui existe entr'eux par rapport à la responsabilité du dépositaire.

Le *commodat*, d'après le même titre, s'est formé dans l'intérêt exclusif du commodataire ; celui-ci a dès-lors été assujetti à la responsabilité la plus étendue. — Le *dépôt*, au contraire, existe tout entier dans l'intérêt de celui qui a livré, c'est-à-dire du déposant. De là cette conclusion, que si l'objet déposé vient à périr ou à se détériorer, le dépositaire ne sera responsable de ces accidents que dans le cas où ils auraient été occasionnés par son dol *. Paul, en effet, a écrit dans ses Sentences *ibid.*, § 6 : *Ob res depositas dolus tantum præstari solet.* Tribonien a reproduit le même langage lorsqu'il a dit : (§ 3 *ibid.*) : *Is ex eo solo tenetur, si quid dolo commiserit ; culpæ autem nomine, id est desidiæ ac negligentiæ non tenetur.* Cette solution est basée sur une considération bien plausible : *qui negligenti amico rem custodiendam tradit, non ei, sed suæ facilitati id imputare debet.* **

Au dépôt comme au *commodat*, se rattachent d'ailleurs deux actions, l'une *directe* dont le principe existe, *ab initio*, en faveur du déposant contre le dépositaire, pour l'obliger soit à la restitution de l'objet déposé, soit à la prestation du dol dont il se serait rendu coupable. De son

* Labéon a défini le dol : *omnis calliditas, fallacia, machinatio ad circumveniendum, fallendum, decipiendum alterum adhibita* (loi 1, § 2, ff. *de Dol. mal*).

** Ce sont là les principes généraux, les principes purs du droit : néanmoins si le dépositaire avait provoqué la confiance du déposant, *si se deposito obtulerit* (*l.* 1a, § 35, ff. *ibid.*) s'il était en demeure de restituer la chose déposée (*ibid.*), sa responsabilité deviendrait côté le dépositaire peut avoir, en sens inverse et hypothétiquement, une action *contraire* pour se faire indemniser des dépenses ordinaires ou extraordinaires qu'il a exposées pour la garde, ou la conservation du dépôt, et du préjudice que la détention de l'objet déposé aurait pu lui occasionner.

Les circonstances qui avaient précédé la tradition de la chose à titre de dépôt, exerçaient une grande influence sur les obligations du dépositaire. — Le dépôt était-il volontaire ! le dépositaire n'était tenu, en cas de dol, qu'à une *actio in simplum*, d'après le droit Prétorien qui avait mitigé en cela la rigueur du droit des Douze Tables (Paul, *ibid.*, § 11). Était-il au contraire forcé ? Par exemple avait-il eu lieu *in causâ tumultus, ruinæ, incendii, naufragii ?* Désigné alors à cause de ces tristes circonstances sous le nom de *depositum miserabile*, il plaçait le dépositaire infidèle sous le poids d'une *actio in duplum*. — Après avoir reproduit le fragment de l'Édit du Préteur qui établissait ainsi entre le dépôt volontaire et le dépôt forcé une ligne de démarcation profondément tracée, Ulpien la justifie par les observations suivantes dont on comprendra facilement toute la puissance, *hæc separatio... justam rationem habet : quippe enim qui fidem elegit, nec depositum redditur, contentus esse debet simplo ; cum vero extante necessitate deponat, crescit perfidiæ crimen et publica utilitas coercenda est vindicandæ reipublicæ causâ.* (Loi 1re, ff., *deposit. vel cont.*). — La compensation n'avait pas lieu d'ailleurs en matière de dépôt, *in causâ depositi compensationi locus non est, sed res ipsa reddenda est.* (Paul, *ibid.*, § 12).

IV. Dans les deux derniers contrats, dont nous venons de parler, la tradition de la chose, on l'a vu, s'est opérée tantôt pour l'avantage exclusif de celui qui l'a reçue (le commodat), tantôt pour l'avantage exclusif de celui qui l'a livrée (le dépôt). — Le paragraphe 4 du titre précité des

beaucoup plus large. Il en serait de même si des conventions particulières avaient déterminé le degré de cette responsabilité. Mais dans aucun cas de semblables conventions ne sauraient affranchir le dépositaire de la prestation du dol. — Ulpien pose à cet égard, en parlant du dépositaire, deux principes communs à toute espèce de contrats, en matière de responsabilité : *si convenit ut in deposito et culpa præstetur, rata est conventio :* CONTRACTUS ENIM LEGEM EX CONVENTIONE ACCIPIUNT. — *Illud non probabis* DOLUM NON ESSE PRÆSTANDUM, ET SI CONVENERIT, *nam hæc conventio contra bonam fidem contraque bonos mores est ; et ideo nec sequenda est.* (*L.* 1a, § 6 et 7, ff. *deposit.*).

Institutes de Justinien nous apprend que cette tradition peut quelquefois avoir lieu dans un but d'utilité commune à l'un et à l'autre ; hypothèse qui se réalise par la remise que fait un débiteur à son créancier d'un objet mobilier à titre de gage *(pignus)*. — Cette tradition est dans l'intérêt du créancier, puisqu'elle lui donne une nouvelle garantie pour le paiement de sa créance, *quo magis in tuto ei sit creditum*, et dans l'intérêt du débiteur qui voit par ce moyen son crédit grandir, *quo magis pecunia ei credatur* (*ibid*).

Par cette remise, le débiteur ne transfère pas au créancier la propriété du gage ; il lui concède seulement le droit de le retenir jusqu'à l'échéance du terme fixé pour le paiement. A cette époque est-il fidèle à son engagement ? se libère-t-il intégralement ? le créancier est de plein droit tenu par une action que tous les textes désignent sous le nom de *actio pigneratitia* de lui restituer le gage ; et de même que le commodataire et le dépositaire, il doit restituer, *in specie*, la chose même qu'il a reçue, sans pouvoir lui en substituer une autre, *de eâ re quam accepit restituendâ tenetur*. Le débiteur ne se libère-t-il pas ? Le créancier peut alors, en remplissant certaines formalités préalables, énumérées dans le titre du Code *de jure dom. impet.*, faire procéder à la vente du gage, se payer au moyen du prix qui en proviendra, et restituer au débiteur l'excédant qui sera resté en ses mains, prélèvement fait du montant intégral de sa créance.

Il est tenu de lui rendre compte, indépendamment du prix de la vente, de tous les fruits que le gage a produit, et réciproquement il est autorisé à se faire indemniser par l'*actio pignoris contraria* du préjudice qu'aurait pu lui causer la détention du gage, s'il était vicieux, et des impenses qui l'auraient amélioré.

Détenteur du gage jusqu'au terme fixé pour le paiement, le créancier en est constitué par cela même le gardien ; il est dès-lors tenu de veiller à sa conservation. Lorsqu'il vient à périr ou à se détériorer, il est responsable de cette perte ou de cette détérioration s'il n'a pas apporté à cette conservation la vigilance et la prudence qu'un bon père de famille apporte ordinairement à la conservation de son patrimoine, *ad eam rem custodiendam exactam diligentiam adhibere debet*. En d'autres termes il sera traité plus sévèrement que le dépositaire qui, désintéressé dans le dépôt, n'est tenu (en principe) que de son dol, mais en retour on lui appliquera des principes moins rigoureux qu'au commodataire qui profite exclusivement du commodat.

Ces précisions démontrent que dans les contrats en général, le degré de la responsabilité des parties, par rapport à la perte ou à la dégradation des choses qui sont l'objet de la convention, se mesure sur le degré d'intérêt que ces parties en retirent. — Cette théorie, assise principalement sur deux fragments, l'un du jurisconsulte Ulpien (loi 5, ff., *commodat.*), l'autre du jurisconsulte Herennius-Modestinus (*Lib. different. secund.* (*Eclog. juris civil., pag.* 292), nous a toujours paru éminemment rationnelle. Nous l'avons adoptée sans commentaire, malgré les vives et interminables controverses auxquelles a donné lieu parmi les interprètes anciens et modernes, relativement à la prestation des fautes, le rapprochement de quelques paragraphes des Institutes avec certains fragments du Digeste *.

Il est encore facile, à l'aide des mêmes précisions, d'expliquer nettement en quel sens les textes nous disent qu'il est des *contrats parfaits par la chose.* — Il a été convenu entre vous et moi que vous me livreriez cent setiers du meilleur blé d'Afrique, à la charge par moi de vous restituer dans un an des qualités et des quantités égales. La tradition de votre part des quantités promises pourra seule engendrer pour moi une obligation RE. C'est sous ce rapport que les textes ont écrit : *dari quidquam necesse est, ut substantiam capiat obligatio* (Inst. *de oblig. quæ ex consens...*)... RE *contrahitur obligatio.*

* On se formera une juste idée de cette controverse en lisant la savante dissertation de M. Ducaurroy, Institutes expliquées, tome 3, page 171 et suivantes, et l'exposé substantiel des principes dans lesquels M. Mühlenbruch a résumé les théories de l'École moderne (*Doctrina pandect. sch. in usum*, vol. 2, pag. 265 et suiv. § 352, 353 et 354). — Nous avons évité autant que possible de nous servir des locutions *faute lourde*, *faute légère*, *faute très-légère*, parce qu'elles nous ont paru une des causes principales de la difficulté que nous apprécierons dans nos explications orales. — Nous nous attacherons principalement à démontrer que toute théorie trop symétrique, et notamment tout système formulé à l'instar d'une proportion géométrique, et pour ainsi dire *bariolé*, selon l'expression de *Gensler* sont en dehors des principes posés par les jurisconsultes Romains. — Sans doute ces jurisconsultes qui avaient sondé les profondeurs du cœur humain et scruté dans tous les sens la pratique de la vie civile, firent reposer la base de leur doctrine, en matière de prestation de fautes ou de responsabilité, sur le degré d'intérêt que les parties retiraient des contrats ou des conventions en général. — Mais le rapprochement de leurs fragments prouve qu'ils n'avaient entendu tracer aucune règle invariable dont l'inflexible uniformité aurait souvent heurté les premières notions de l'équité, et qu'ils prenaient toujours en considération dans leurs solutions les nuances plus ou moins délicates que les espèces présentaient.

Si nous étions dans l'usage de nous assujettir à la méthode des rédacteurs des Institutes, nous devrions parler ici d'une autre cause d'obligations, analogue aux précédentes, qui se forme par le paiement d'une chose non due, *indebiti solutio*. Gaius, *ibid.*, comment. 3, § 91, et Tribonien, *ibid.*, § 1er, s'en sont occupés après le *mutuum* ; mais comme cette matière doit se reproduire dans le titre suivant, au sujet des obligations qui se forment comme par un contrat, nous l'omettrons ici pour éviter d'inutiles répétitions.

CHAPITRE II.

Des *Contrats qui se forment par des paroles formulées* (De Verborum Obligationibus).

Les contrats dont nous venons de parler, furent très-probablement les premiers en usage pendant l'enfance de Rome, comme pendant l'enfance de toutes les sociétés. Dès l'origine, les habitants de la cité durent attribuer d'abord une importance exclusive aux traditions, à tout ce qui pouvait frapper les sens. Bientôt, par une transition naturelle, ils arrivèrent aux *formules*, en demandant une garantie à la précision des paroles et à la propriété des termes. Ces formules sacramentelles furent seules considérées comme l'expression d'une volonté bien réfléchie, bien déterminée à s'enchaîner par un engagement obligatoire.

A côté des obligations qui naissaient des *faits* on vit donc se placer des obligations qui naissaient des *paroles* et que l'on appela, d'après leur origine, *verborum obligationes*.

Les formules, on l'a déjà remarqué, forment le *criterium* de la jurisprudence Romaine ; on les retrouve dans tous les actes les plus importants de la vie civile.

Toutes les fictions de l'ancienne jurisprudence furent donc des *vérités sous le masque*, et les formules dans lesquelles s'exprimaient les lois furent appelées CARMINA, à cause de la mesure précise de leurs paroles auxquelles on ne pouvait ni ajouter ni retrancher. — Ainsi tout l'ancien droit Romain fut un *poëme sérieux* que les Romains représentaient sur le *Forum*, et l'ancienne jurisprudence fut une *poésie sévère* *.

* Vico, *Philosophie de l'Histoire* ; *traduction de M. Michelet*, *tom.* 2, *page* 336.

Le droit des gens lui-même admettait l'usage des formules. Tite-Live nous en a laissé un exemple remarquable dans les paroles qui furent prononcées pour la consécration du traité par lequel se rendit Collatie, sous le règne de Tullus *.

Si les obligations verbales ne furent pas une création des Romains (Gaius, comm. 3, § 93), ceux-ci leur conservèrent du moins pendant bien longtemps (jusqu'au règne de Léon) leur autorité primitive, soit parce qu'elles s'harmonisaient merveilleusement ave leur génie, soit parce que la politique du Patriciat contribua puissamment à les maintenir **.

Les jurisconsultes donnèrent aux obligations verbales le nom de stipulations, *stipulationes*, locution dont l'étymologie serait prise dans la force obligatoire qu'elles imprimaient à des conventions qui, sans elles, seraient restées confondues dans la classe des pactes. Paul écrivait dans ses sentences : *Obligationum firmandarum gratiâ* STIPULATIONES *inductæ sunt, quæ quâdam verborum solemnitate concipiuntur, et ita appellatæ, quod per eas firmitas obligationum constringitur.* — STIPULUM *enim veteres* FIRMUM *appellaverunt.* (Liv. 5, tit. 7, *de oblig.*, § 1). Tribonien lui-même a maintenu cette version (Inst. tit. 16, *de verb. obligation. ad prœmium*).

D'après ces aperçus, les stipulations n'étaient donc que des conceptions de mots, *verborum conceptiones*, dont la vertu était d'attribuer aux contractants une action juridique, ou pour mieux dire elles n'étaient qu'une *formule* additionnelle au consentement dont elles devenaient une manifestation légale.

Tribonien a consacré plusieurs titres du 3e livre des Institutes au développement des règles propres aux stipulations, savoir : le titre 16e précité de *verb. obligat.*, 17 de

* *Histoire romaine.*

** M. Hugo écrit à ce sujet, tom. I : « Il fallait nécessairement du temps pour que les parties pussent choisir des mots solennels ; en sorte qu'elles devaient avoir mûrement réfléchi avant de s'engager. Ce n'est pas toutes les fois un motif suffisant pour croire qu'on dût attacher beaucoup d'importance aux expressions employées par les stipulants. — La stipulation au surplus est un contrat qui ne peut prendre naissance que dans un pays de médiocre étendue, et chez un peuple dont les relations sociales sont restreintes ; néanmoins elle se maintint à Rome longtemps après que la république eût cessé de se trouver dans des conditions telles que celles que nous venons de citer et qui avaient contribué à l'introduire ». (*Histoire du Droit Romain*, *tome* I, *pages* 186 7.)

duobus reis stipul. vel. promitt..... ; 18 de *stipulat..... servor...* ; 19 *de division... stipulat...* et 20 *de inut... stipulat.*

La plupart des théories de la stipulation étant communes à tous les contrats en général, nous donnerons quelques développements aux textes des titres dont la nomenclature précède. Toutefois nous renverserons la série de ces textes; nous renverserons également la série des titres, et de la fusion de tous ces éléments que les exigences de la méthode synthétique ne nous permettaient pas de séparer, nous ferons jaillir l'ordre suivant pour l'exploration des principes qu'ils sanctionnent :

Examiner 1° les formes, le mécanisme ou la structure de la stipulation et les diverses stipulations en usage chez les Romains ;

2° Les éléments *essentiels* des stipulations par opposition aux éléments qui sont seulement *accessoires* ou *accidentels ;*

3° Parler enfin de la preuve des stipulations, des effets qu'elles produisent, des personnes à qui elles peuvent profiter, ou nuire. — Chacune de ces subdivisions va devenir le sujet d'un paragraphe particulier.

§ Ier

Des formes de la stipulation et des diverses espèces de stipulations en usage chez les Romains.

I. *De la forme des stipulations.* — Le mécanisme des stipulations était fort simple. Il se composait d'une interrogation adressée par celui qui devait se constituer créancier, et d'une réponse analogue et affirmative de la part de celui qui devait se reconnaître débiteur, *verbis obligatio fit ex interrogatione et responsione*, disait Gaius, (Ins. . comment. 3, § 92). Après lui Pomponius définissait la stipulation : *verborum conceptio, quibus, is qui interrogatur, daturum, facturumve quod interrogatus est responderit.* (Loi 5, § 1, ff. *de verb... oblig.*) Modestinus appelle *reus stipulandi* celui qui adressait l'interrogation, celui qui stipulait, et *reus promittendi*, celui qui faisait la réponse et qui promettait ou s'obligeait (loi 1re, ff., *de duobus reis constit.*) — Les expressions consacrées ou les formules d'après lesquelles devaient avoir lieu cette interrogation et cette réponse, sont énumérées dans le paragraphe précité des Institutes de Gaius et reproduites dans le paragraphe 1er du titre 16 des Institutes de Justinien.* — Gaius fait d'ailleurs remarquer (§§ 93 et 94), que parmi les formules qu'il vient d'énumérer, les unes étaient propres au droit civil des Romains, tandis que d'autres étaient du droit des gens, et il expose les conditions nécessaires pour que l'usage de certaines formules produisît des engagements valables à l'égard des citoyens Romains ou des étrangers.

Les locutions consacrées pour former entre les contractants le nœud obligatoire, furent scrupuleusement conservées jusqu'au règne de l'empereur Léon. — Par une de ses constitutions devenue la loi 10, *Cod. de contrah... et committend... stipulat.*, et mentionnée par Tribonien, § 1er, *ibid.*, ce Prince supprima la nécessité de l'emploi des paroles solennelles ; il n'exigea pour la validité des stipulations que le consentement réciproque des parties, *sensum et consonantem intellectum ab utraque parte*, quelles que fussent d'ailleurs les locutions dont elles se serviraient pour formuler l'interrogation et la réponse, qui restèrent indispensables pour constituer la stipulation, toujours distincte elle-même des simples pactes.

Sous Justinien une réforme plus large s'accomplit. — On n'admet plus les distinctions encore en vigueur du temps de Gaius, par rapport à l'idiôme employé par les contractants. L'usage de toutes les langues est indistinctement autorisé entre toutes personnes ; une seule condition est nécessaire, l'expression d'un consentement réciproque, et l'intelligence de la part des parties, de l'idiôme adopté pour la formation du contrat. *Si uterque stipulantium intellectum ejus linguæ habeat.... sufficit congruenter ad interrogata respondere.* (§ 1er *ibid.*).

II. *Division des stipulations.* — Dans le *prœmium* du titre 19 *de division. stip....* Tribonien reproduisant un fragment de Pomponius (loi 5, *ad prœm. ff. de verb..... oblig....*) classe les stipulations en quatre catégories : *stipulationum aliæ sunt* JUDICIALES, *aliæ* PRÆTORIÆ, *aliæ* CONVENTIONALES, *aliæ* COMMUNES, *tam prætoriæ quam judiciales.*

On appelait stipulations conventionnelles, *conventionales*, celles qui n'avaient d'autre base que les conventions spontanées des parties ; *quæ ex conventione utriusque par-*

* Ces expressions sont les suivantes : Le stipulant disait, DARI SPONDES ? Le promettant répondait SPONDEO ; ou bien encore DABIS ? DABO : PROMITTIS ? PROMITTO ; FIDE PROMITTIS ? FIDE PROMITTO ; FIDEJUBES ? FIDEJUBEO ; FACIES ? FACIAM.

tis concipiuntur, et qui par cela même n'étaient commandées ni par le juge ni par le Préteur, § 3, *ibid.* — Sous le nom de stipulations *judiciales*, on désignait celles qui étaient provoquées, commandées par le juge. Lorsque nous traiterons des ACTIONS, nous examinerons qu'elles furent, dans la hiérarchie des pouvoirs judiciaires en vigueur jusqu'au quatrième siècle de l'ère chrétienne, les fonctions attribuées au juge (*judex*) proprement dit. Il nous suffira de noter pour le moment que le Préteur qui accordait (*in jure*) au demandeur la formule réglementaire de son action, renvoyait les parties (*in judicio*) devant un juge qui, qualifié tantôt de *judex*, tantôt d'*arbiter*, décidait, d'après les pouvoirs à lui attribués dans la formule, les points sur lesquels les contendants étaient divisés. — Ainsi saisi par le renvoi du Préteur, le *judex* obligeait quelquefois les plaideurs à contracter entr'eux, par des stipulations, certaines obligations, au nombre desquelles le texte du paragraphe 1er *ibid.* énumère, la *cautio de dolo*. Cette caution assujettissait le défendeur à garantir l'exécution franche et sincère de la condamnation éventuelle dont il viendrait à être frappé. — Le texte mentionne encore la *cautio de persequendo servo qui in fugâ est*, sûreté d'une nature toute particulière que nous expliquerons dans nos développements oraux.

Quelquefois le Préteur lui-même, qui accordait l'action au demandeur, voulant en protéger l'exercice d'une manière efficace, ordonnait au parties, qui étaient *in jure* devant lui, de se donner aussi des garanties au moyen de certaines stipulations. — Souvent encore il ordonnait des stipulations en l'absence de toute demande d'action. — Ces stipulations, qualifiées par leur origine même, furent désignées sous le nom de *stipulationes prætoriæ*. — On comprenait dans cette catégorie les stipulations que les Ediles pouvaient exiger dans la sphère de leur juridiction spéciale.

Aux stipulations émanant de la juridiction prétorienne, Tribonien rapporte la *stipulatio damni infecti* et la *stipulatio legatorum*. Ainsi, lorsqu'un édifice voisin menace de tomber en ruines et de me causer un préjudice par sa chute, le Préteur, et le Préteur seul peut, sur ma demande, obliger le propriétaire de cet édifice à me garantir le paiement de l'indemnité qui pourra m'être due éventuellement. Dans ce cas, la stipulation à laquelle ce propriétaire sera tenu de répondre aura pour objet de m'assurer d'avance la réparation d'un dommage à venir, mais qu'il est facile de prévoir; ce sera donc *stipulatio damni infecti*.

Pour expliquer la *stipulatio legatorum* il suffit de constater que d'après les principes déjà exposés au titre de l'hérédité testamentaire et des legs, l'héritier institué était tenu *ex testamento* d'acquitter tous les legs faits par le testateur, sauf les restrictions successivement apportées à cette obligation par les lois *Furia, Voconia et Falcidia.* L'exercice des actions accordées au légataire se trouvait cependant plus d'une fois suspendu par le concours de circonstances multiples ; par exemple, lorsque le legs était *in diem.* — Dans toutes ces hypothèses, c'est-à-dire lorsqu'un obstacle légal empêchait le légataire d'agir immédiatement, il lui importait de recourir à l'autorité du Préteur pour obtenir de lui que l'héritier dont la solvabilité pourrait diminuer ou disparaître, s'il fallait attendre l'exigibilité du legs, garantirait d'hors et déjà par des stipulations l'exécution de son obligation.

Enfin, dans le paragraphe 4 et dernier du titre précité, Tribonien nous donne deux exemples de stipulations qui rentrent dans la 4e catégorie, c'est-à-dire dans la catégorie des stipulations *communes.*

Le premier exemple est pris dans la stipulation que les tuteurs et curateurs sont tenus de fournir, *rem pupilli salvam fore* et dans la *stipulatio de rato.*

Pour l'intelligence de la *stipulatio rem pupilli salvam fore*, il faut rappeler qu'avant de s'immiscer dans leur administration les tuteurs et curateurs sont obligés (nous l'avons expliqué en traitant de la puissance tutélaire) à garantir la fidélité de leur gestion, c'est-à-dire la conservation du patrimoine des pupilles ou des personnes soumises à la curatelle. — Si cette obligation a été remplie, la stipulation qui aura eu lieu rentrera dans la troisième catégorie, c'est-à-dire dans les stipulations prétoriennes. Mais si elle n'a pas été exécutée, et si d'un autre côté les tuteurs et curateurs introduisent en cette qualité une action, l'instance ne pourrait être poursuivie dans le cas où le défendeur opposerait cette inexécution. Dans cet état de choses, le *judex* ordonnera la stipulation qui, prétorienne de sa nature, deviendra accidentellement judiciaire et prendra dès-lors le nom de *commune.*

Nous aurons occasion d'expliquer les caractères de la *stipulatio de rato* dans une des subdivisions du titre des actions. (Instit., livre 4, tit. 11, *de satisdat...*).

§ II.

Des éléments ESSENTIELS *de la stipulation.*

Il ne faut pas croire que toute la substance des stipulations soit concentrée dans les mots sacramentels (avant la constitution de Léon) qui expriment l'interrogation et la réponse ; les mots en effet, nous l'avons dit, ne sont qu'une formalité additionnelle au consentement, qu'une sanction articulée d'une convention préexistante.

Or, pour juger de la validité de cette convention et par cela même de la stipulation, il faut avoir égard à plusieurs choses, savoir : la capacité des parties, leur consentement réciproque, l'objet, le motif de la stipulation.

I. *De la capacité des parties contractantes.* — Le principe de la capacité peut être entièrement stérilisé, ou seulement restreint par diverses causes d'incapacités absolues ou relatives. — Sont incapables d'une manière absolue, à cause de l'impossibilité physique où ils se trouvent d'articuler ou d'entendre les paroles consacrées, 1° les muets, les sourds (Institutes, titre 20, *de inutilibus stipulationibus* (§ 7) 2° les absents (§ 12, *ibid.*), 3° les enfants, *qui fari non possunt* (§ 10, *ibid.*) ; à cause de leur impossibilité d'exprimer un consentement éclairé, 4° les furieux (§ 8, *ibid.*).

Toutefois il importe de remarquer, à l'égard du pupille qui a dépassé l'âge de l'enfance, que s'il ne peut promettre et s'obliger en répondant à une stipulation, sans l'autorisation de son tuteur, il peut, même lorsqu'il est encore *proximus infantiæ*, stipuler valablement d'un autre, et obliger le promettant vis-à-vis de lui sans cette autorisation. On n'a pas perdu de vue le principe consigné dans le prœmium du titre 20, liv. 1er des Institutes, de *auctor... tutorum* et rappelé dans le paragraphe 9 de notre titre de *inutil. stipulat.* : *Placuit meliorem quidem conditionem licere eis* (pupillis) *facere etiam sine tutoris auctoritate ; deteriorem, vero non aliter, quam cum tutoris auctoritate.* — Nous ne parlons ici que du pupille, qui est toujours *sui juris* par cela seul qu'il est pupille. Quant à l'enfant *alieni juris*, les textes posent cette règle si connue : *Qui in potestate parentis est impubes, ne auctore quidem patre obligatur* (§ 10, *ibid.*).

Toutes les personnes dont nous venons de parler sont incapables de promettre et de stipuler (sauf les dernières modifications à l'égard des pupilles) d'une manière absolue vis-à-vis de tous indistinctement, et la stipulation formée avec elle serait *inutile*, INUTILIS ; car telle est la locution technique des jurisconsultes Romains, que Tribonien a religieusement conservé, puisqu'il en a fait la rubrique du titre 20 précité.

Auprès de ces incapacités absolues viennent se placer des incapacités relatives : elles se réfèrent aux stipulations qui interviendraient entre des personnes unies par des rapports de puissance. Ainsi entre le maître et l'esclave, entre l'ascendant et le descendant engagé dans les liens de son autorité, toute stipulation serait inutile. *Inutilis est stipulatio, si vel ab eo stipuleris qui tuo juri subjectus est, vel si is à te stipuletur*, dit Tribonien, ℥ 6, *ibidem*, d'après Gaius, comm. 3, ℥ 104.

La stipulation suppose en effet une action réalisable de la part de celui qui stipule contre celui qui promet; or, cette action ne peut jamais exister entre les personnes dont nous venons de parler, à cause de l'unité et de l'indivisibilité de leurs patrimoines et de leurs intérêts. Tous les textes sont unanimes à ce sujet; (Instit. *de obligat. quæ ex delicto nascuntur*, ℥ 12; — *de noxalibus act.*, ℥ 6. — *de inut. stipulat.*, ℥ 4). Les notions déjà exposées relativement au droit des pécules ne forment même pas exception à ces règles, car les fils de famille étaient, par rapport aux biens compris dans certains pécules, considérés comme des pères de famille (l. 2, ff. *ad senat. macedon*).

II. *Du consentement respectif du stipulant et du promettant.* — Il serait superflu de recourir à l'autorité des jurisconsultes pour constater ce principe vulgaire que les stipulations, comme tous les autres contrats, ne sont valables, c'est-à-dire, ne produisent d'action non susceptible d'être paralysée par une exception, que lorsqu'il y a consentement réciproque de toutes les parties. (Ulpien, l. 1, ℥ 3, ff. *de pactis*); que ce consentement doit être pur de tout dol (*ibid.*), de toute violence grave et illégale (*tot. tit. ff. de dol. mal.* (*ibid.*) *quod vi aut metus caus.*). Examinons seulement sous quels points de vue, ce consentement ou les caractères qu'il doit présenter sont considérés ici par Gaius et par Tribonien.

Le concours des volontés constitutif du consentement réciproque doit porter 1° sur *l'identité du corps* qui fait l'objet de la stipulation (*Ins. de inutil. stipulat.*, ℥ 23); 2° sur les *quantités*, (℥ 5 *de verborum obligat.*); 3° sur les *conditions* (*ibid.*); sur le *terme* (*ibid.*), et 4° plus généralement sur tous ce qui est de nature à augmenter ou à diminuer l'étendue de l'obligation. Pour mieux expliquer notre pensée, il faut qu'il y ait correspondance, harmonie, liaison intime, entre l'interrogation et la réponse, *consonans intellectus*, si nous voulons nous servir des expressions qu'emploie l'empereur Léon dans sa constitution précitée. Le texte indique suffisamment la sanction attachée à cette prescription lorsqu'il dit : *inutilis est stipulatio, si quis ad ea quæ interrogatus fuerit, non respondeat* (*Ibid. de inutilib. stipulat.*, ½ 5).

III. *De l'objet de la stipulation.* — La stipulation peut avoir pour objet, c'est-à-dire pour but final le transport de la propriété, ou seulement de la jouissance ou de la possession d'une chose, ou bien la prestation d'un fait, *verbis obligatio contrahitur, cum quid* DARI FIERIVE *nobis stipulamur* (*ad præm. de verb. oblig.*).... *Non solum* RES *in stipulatum deduci possum sed etiam* FACTA (½ 7, *ibid.*). — La chose stipulée peut être prise indistinctement dans la classe des choses mobilières ou immobilières (*ad præm. de inutilib. stipul.*), de celles qui existent actuellement, comme de celles dont on peut prévoir raisonnablement l'existence future (½ 1, *ibid.*). Le droit commun n'est soumis à ce sujet qu'à un petit nombre d'exceptions qui se réfèrent notamment aux choses exclues du commerce d'une manière absolue ou relative pour le stipulant, à celles dont ce dernier est déjà investi. On devrait d'ailleurs respecter encore à cet égard la maxime écrite dans le ½ 22 *de inutil. stipulat.* La sévérité de ces restrictions est telle, que la stipulation formée au mépris de leurs prohibitions serait frappée immédiatement dans sa racine d'un vice que ne détruiraient ni la bonne foi des parties ni la cessation des obstacles primitifs, et que le contrat qui était valable dès son origine, deviendrait inutile dès l'instant que l'objet stipulé tomberait, sans le fait du débiteur, dans une des catégories que nous venons de mentionner. (½ 2, *ibid.*).

Les *faits* déduits dans la stipulation doivent être possibles (Celsus, loi 185, ff. *de obligat. et act.*), c'est-à-dire réalisables dans le sens physique et dans le sens moral (Pomponius, loi 26, ff. *de verb. oblig.*).

Ils peuvent d'ailleurs être *négatifs* comme *affirmatifs aliquid fieri, vel non fieri* (Inst. *de verb. oblig.*, ½ 7) — Dans le même paragraphe Tribonien a le soin de reproduire le conseil que Venulejus avait donné à ceux qui stipulaient la prestation d'un fait affirmatif ou négatif, d'insérer une *clause pénale* dans la stipulation, pour le cas où le débiteur n'exécuterait pas ses obligations. — L'intérêt qu'offre l'addition de cette clause est suffisamment justifié par cette raison : *ne quantitas stipulationis in incerto sit, ac necesse sit actori probare quod ejus intersit.*

IV. *Du motif ou de la cause des stipulations.* — On entend quelquefois par *cause* (*causa*) l'exécution de la part de l'une des parties de l'obligation qu'elle s'est imposée. — Ici nous donnons à ce mot une acception différente, car il exprime le *motif déterminant* du contrat. — Ce motif doit être réel : il ne doit répugner ni aux lois, ni aux principes de la morale....

A l'aide des observations qui précèdent, il est permis de se former des idées exactes sur ce qui est de *l'essence* des obligations, et notamment de reconnaître que sans le concours de la capacité des parties, de leur consentement réciproque, d'un objet, d'une cause licite, toute stipulation serait inutile. A la réunion de toutes ces conditions est donc attachée la vie des stipulations valables.

SUBDIVISION DU § II.

De ce qui est ACCESSOIRE *ou* ACCIDENTEL *dans les stipulations.*

Les rédacteurs des Institutes ont examiné principalement, à ce sujet, l'influence sur la stipulation du *dies* (ou du terme) et de la *condition*. — Tous ces éléments ne sont qu'accessoires ou accidentels, puisque leur *absence* ne compromet en rien le sort du contrat dont ils modifient seulement l'existence et les effets. — Examinons, sans suivre cependant l'ordre adopté par Paul (L. 73, ff. *de oblig. et action.*) sous quel point de vue les rédacteurs des Institutes ont considéré ces matières. — Après avoir fait remarquer avec Tribonien (*de verborum obligat.*, § 2) que toute stipulation peut être pure et simple, ou faite *in diem* ou *sub conditione*, entrons dans l'examen des textes.

Lorsque la stipulation est pure et simple, l'obligation est immédiate et l'action peut être aussitôt exercée.... *id confestim peti potest* (§ 2, *ibid.*). Toutefois l'exécution de l'obligation dérivant d'une stipulation de cette espèce peut être différée, comme l'enseigne Paul (loi 44, ff. *de verb. obligat.*), tantôt par la nature même de son objet, *ex re ipsâ dilationem capit, veluti si id quod in utero sit.... stipulatus sit;* tantôt *tacitè*, par la distance qui sépare le lieu où la stipulation doit être exécutée et celui où la promesse a été faite..... *Sic qui Carthagini dari stipulatur cum Romæ sit, tacitè tempus complecti videtur quo pervenire Carthaginem potest.* Tribonien après avoir reproduit ce second exemple (*ibid. de verb. obligat.*, § 4) ajoute à titre de conséquence : *ideò si quis* Romæ *ita stipuletur :* Hodiè Carthagini *dare spondes? inutilis erit stipulatio, cum impossibilis sit repromissio.* Dans le cas où la stipulation avait pour objet la translation de la propriété ou de la possession, il fallait d'ailleurs accorder au promettant le délai moral qu'exigeait la réalisation de la tradition (*de inutil. stipulat.*, § 27).

L'obligation de payer périodiquement une somme d'argent au stipulant jusqu'à son décès, *decem aureos annuos quoad vivam dare spondes?* n'empêche pas que la stipulation qui la renferme ne soit pure et simple. Paul consacre en effet la maxime : *ad tempus obligatio constitui non potest*, (loi 44, ff., *de obligat...*) et Tribonien a écrit longtemps après dans le même sens : *ad tempus non potest deberi.* (Inst., *ibid.*, § 3). — En droit rigoureux cette stipulation ne s'éteint donc pas par la mort du stipulant (Paul *ibidem*). — Les Romains avaient précisé toutes les causes d'extinction des obligations, et le laps du temps n'était pas classé au nombre de ces causes : mais par respect pour la volonté des parties on accordait au promettant une exception pour paralyser l'action que les héritiers du stipulant voudraient exercer (§ 3, *ibid.*)

La stipulation faite *in diem* peut être considérée sous un double rapport, *nam vel ex die incipit obligatio, aut confertur in diem*, dit le jurisconsulte Paul. (loi 44, ff. *de obligat. et actionib....*)

Le terme est-il considéré comme le moment auquel l'obligation doit finir, au moyen de l'exception qui résulte pour le débiteur de la convention? la stipulation est faite *ad diem*, par exemple : *usque ad calendas dare spondes?* Est-il considéré au contraire comme le moment auquel elle doit être exécutée, la stipulation est faite *ex die* ou *in diem* (*ibid*), par exemple : *decem aureos primis calendis martii dare spondes?* (*ibidem.*).

Envisagé sous ce dernier rapport, le terme apposé à la stipulation, *stipulatio in diem*, diffère l'exigibilité de la chose ou des faits compris dans l'obligation jusqu'à l'époque qui a été fixée, *ejus natura hæc est, ut ante diem non exigatur* (Paul, *ibid.*). — Mais le droit n'en est pas moins certain et irrévocablement acquis, *statim debetur, sed peti priusquam dies venerit non potest.* — Gaius disait encore à ce sujet : *Certum est debitum iri, licet post tempus petatur* (Inst., comm. 3, § 124). — Le plus souvent, le terme est censé apposé dans l'intérêt du promettant : dès-lors le stipulant est tenu d'attendre, avant d'exercer son action, l'expiration du dernier jour utile (*Inst., de inutil. stipulat.*, § 26), précision d'une grande importance à cause des conséquences rigoureuses de la plus-pétition (Gaius, Inst., com. 4, § 53 et suivants; Justin., livre 4, tit. 6, *de action.*, § 33).

Les théories qui précèdent se font remarquer par une grande simplicité, et néanmoins lorsqu'on les pénètre plus profondément, on ne tarde pas à découvrir des complications multiples, surtout par rapport aux variations qu'éprouva la jurisprudence Romaine au sujet du choix ou de la fixation du terme. Gaius (et après lui Tribonien) atteste qu'on ne pouvait valablement prendre pour terme de la stipulation une époque postérieure au décès du stipulant ou du promettant, parce que, dit-il, *inelegans esse visum est ex hæredis personâ incipere obligationem.* (Inst., comm. 3, § 100). Il nous apprend encore qu'il était également défendu aux parties d'assigner, pour cet objet, la veille de la mort du stipulant ou du promettant, *pridie quam moriar vel pridie quam morieris*, et cependant par une distinction assez difficile à expliquer d'une manière rationnelle, il leur était permis de prendre pour terme le moment même du décès de l'une ou de l'autre, *cum moriar aut cum morieris* (*Just. Inst.*, § 15, *de inut. stipulat.*).

Remarquons cependant que le stipulant était autorisé à fixer pour terme de la stipulation une époque postérieure a sa mort, (*postquam moriar dare spondes?*), lorsqu'il avait le soin de s'adjoindre un tiers qui stipulait le même objet, et qui était désigné par cela même sous le nom d'*adstipulator.* — (Gaius, comm. 3, § 110 et suivants, § 117). — Cet adstipulateur, dont les droits n'étaient pas transmissibles à ses héritiers (*ibid.*, § 114) exerçait vis-à-vis le débiteur les mêmes actions que le créancier aurait pu personnellement exercer, mais vis-à-vis du stipulant et de ses héritiers, il n'était qu'un mandataire comptable en cette qualité de tout ce qu'il aurait reçu.

Sous Justinien toutes les prohibitions, dont nous venons de parler, sont abrogées. — Les entraves qui avaient si longtemps gêné la liberté des conventions humaines disparaissent, il est désormais loisible aux contractants de fixer, pour terme de l'exécution des conventions, des époques qu'ils n'auraient pu choisir dans le droit antérieur. (§ 13 et 15 *Ins., de inut. stipulat... ibidem*).

Au reste, il n'avait jamais été défendu de fixer pour terme une époque postérieure à *la mort d'un tiers.* (§ 16, *ibid.*).

Une autre réforme non moins saillante que la précédente,

fut opérée par rapport à la stipulation *præpostère*. On donnait cette qualification à la stipulation dans laquelle l'échéance du terme précédait l'événement de la condition. D'après le droit antérieur à Justinien, cette stipulation dont Tribonien nous donne un exemple (*si navis ex Asiâ venerit* HODIE *dare spondes*) avait été frappée d'une nullité radicale. Elle était sans doute d'un usage peu fréquent, car il paraît fort bizarre, que l'obligation et l'action fussent préexistantes à l'ouverture du droit lui-même, en d'autres termes que l'effet fût antérieur à la cause, ou comme l'écrivait Vinnius que la fille naquit avant la mère. — Justinien nous apprend que, convertissant en règle générale une modification exceptionnelle introduite par l'empereur Léon en matière de stipulations dotales, il déclara en principe que toutes les stipulations *præpostères* seraient désormais valables, mais en ce sens seulement que le stipulant ne pourrait agir qu'après la réalisation de la condition. — (Inst., § 14, *de inutil. stipulat.*).

Passons aux stipulations conditionnelles. — Lorsque nous avons traité de l'institution des héritiers, nous avons encore été naturellement amenés à tracer les caractères de la condition en général qui se réfère, comme on le sait, à un *événement futur et incertain* (*Inst., de verb. obligat.*, § 6), et de classer les diverses espèces de conditions reconnues par les jurisconsultes.

En tenant pour acquises les théories que nous avons exposées à ce sujet, nous nous bornerons à poser ici sommairement les règles suivantes qui embrassent toute l'économie des textes en matière de stipulations conditionnelles.

1° Une promesse n'est pas valable si elle est subordonnée à une condition purement *potestative* de la part de celui qui s'oblige, *nulla promissio potest constitui quæ ex voluntate promittentis statum capit*, disait le jurisconsulte Javolenus dans un de ses fragments (Loi 108, § 1er, ff. *de verborum obligationibus*).

2° Les conditions impossibles entraînent la nullité des stipulations, tandis que dans les institutions d'héritier et dans les legs, on l'a déjà vu, considérées seulement comme non écrites, elles n'élèvent pas d'obstacles à la validité de la disposition. (*Inst. de hæredib. instituend.*, § 10; *de inutil. stipulat.*, § 11). — Les Proculéiens prononçaient indistinctement la nullité des legs et de la stipulation, proscrivant ainsi la disparité que nous venons d'exposer, et qui proposée par les Sabiniens, fut maintenue par Tribonien. — Gaius, disciple des Sabiniens, confessait lui-même (comm. 3, § 98) qu'il était difficile d'expliquer d'une manière plausible la dissemblance de ces solutions. La raison qu'en donne le jurisconsulte Mæcianus dans un de ses fragments (loi 31, ff. *de oblig. et act.*) ne nous a jamais paru fort séduisante, et peut-être le seul argument propre à la soutenir est pris dans la faveur spéciale dont jouissait à Rome l'exécution des dispositions à cause de mort. (Instit., livre 2, tit. 14, *de hæredib., Inst.*, ʒ 10).

Que si les conditions impossibles dans le sens physique étaient *négatives*, elles n'exerçaient aucune influence sur la promesse qui était alors considérée comme pure et simple. (*Inst. de inut. stipul.*, ʒ 11). Mais impossibles dans le sens moral, *affirmatives* ou *négatives*, elles la rendaient inutile.

C'est un principe commun aux conditions *possibles*, *affirmatives* ou *négatives* qu'elles tiennent en suspens le sort de la promesse, que tous les droits éventuels qui en dérivent se transmettent activement aux héritiers du stipulant mort avant l'événement de la condition, comme les obligations qu'elle impose se transmettent passivement dans le même cas aux héritiers du promettant : *ex conditionali stipulatione tantum spes est debitum iri ; eamque ipsam spem in hæredem transmittimus, si priusquam conditio extet mors nobis contingat* (*Inst. de verb. oblig.*, ʒ 4). La première partie de ce texte caractérise très-nettement l'influence des conditions possibles sur les stipulations. La stipulation est sans doute irrévocable en soi nonobstant la condition ; mais tant que cette condition n'est pas accomplie, il y a incertitude sur l'existence de la dette, *incertum est debitum iri* : le stipulant n'a qu'une espérance, qu'une expectative qu'il transmettra néanmoins à ses héritiers : *spes est tantum debitum iri*. Créancier éventuel, il n'en est pas moins créancier (l. 24, ff. *de obligat. et action.*), tandis que le légataire sous condition n'est pas créancier de l'héritier, tant que la condition n'est pas accomplie et s'il meurt avant cette époque, le legs deviendra caduc (*ibid.*); ses héritiers personnels n'auront rien à recueillir.

Il nous sera facile d'expliquer oralement la raison de ces différences.

Il importe de remarquer que les conditions *négatives* imposées au stipulant sont assimilées au terme qui serait fixé au jour de sa mort, en ce sens seulement que l'exécution de l'obligation ne pourra être demandée que le jour même de cette mort, bien que le stipulant offrît actuellement la caution qui en pareil cas, en matière d'institution d'héritier, prenant le nom de *caution mucienne* (loi

79, ff. *de condit. et demonstrat.*) autoriserait l'héritier à se mettre immédiatement en possession de l'hérédité; *si quis ita stipuletur : si in capitolium non ascendero dare spondes ? perinde erit ac si stipulatus esset cum moreretur sibi dari* (*de verb. oblig.* § 4).

Si nous voulions suivre la méthode du jurisconsulte Paul (loi 44, ff. *de obligationibus et actionibus*), nous devrions parler ici des parties accessoires et accidentelles des stipulations désignées sous le nom de *modus*, *d'accessio*. — Mais Tribonien ayant gardé, à ce sujet, un silence absolu, nous préférons rattacher à cette partie de notre plan le titre 17 des Institutes de *duobus reis stipulandi vel promittendi*, et le titre 21 *de fidejussoribus*.

Le concours dans une même stipulation de plusieurs co-stipulants ou de plusieurs co-promettants, ou bien le concours d'un second promettant qui, sous le nom de *fidejussor*, vient accéder à l'obligation du débiteur principal ne constitue-t-il pas un des élémens accessoires et accidentels des stipulations en général ? Notre méthode avait donc assigné d'avance à ces titres la place qu'ils vont occuper.

I. *Du concours dans les stipulations de plusieurs co-stipulants et de plusieurs co-promettants.* — Jusqu'ici nous avons entendu parler de la stipulation ordinaire de celui qui intervient, entre un seul stipulant (*reus stipulandi*), et un seul promettant (*reus promittendi*) c'est-à-dire entre un seul créancier et un seul obligé. — Il est cependant des stipulations dans lesquelles on remarque le concours de deux ou plusieurs co-stipulants, de deux ou plusieurs co-promettants. — Les premiers sont alors désignés dans les textes sous le nom de *duo pluresve rei stipulandi*, les seconds sous celui de *duo pluresve rei promittendi* (Inst., liv. 3, tit. 17, *de duobus reis stipul. vel promitt.*) Cette circonstance accidentelle du nombre des uns ou des autres ne changera pas la nature de l'obligation ; elle ne deviendra pas multiple ou complexe avec les personnes, il y aura toujours unité d'objet, unité d'obligation, *una est obligatio, una et summa est*, disait Ulpien (loi 3, ff. *de duobus reis stipuland. vel promittendi*). — Avant d'examiner les conséquences de ce principe, culminant en cette matière, demandons-nous à quels indices nous pourrons reconnaître l'existence d'une stipulation ou d'une promesse de cette nature.

Le *proœmium* du titre précité des Institutes de Justinien va nous l'apprendre.

Il ne suffira pas que le promettant réponde successivement et séparément à chacun de ceux qui auraient stipulé de lui ; car dans ce cas il y aurait autant d'obligations distinctes, *alia atque alia erit obligatio, nec creduntur duo rei stipulandi esse* (*ibid. ad prœm.*). Mais il faudra que le promettant attende pour s'engager, que les stipulations de tous lui aient été adressées, et qu'après avoir entendu les interrogations des stipulants, il réponde par exemple : *Utrique vestrum dare spondeo.* — Alors, mais alors seulement, il y aura cette *unité* d'obligation dont nous avons déjà parlé en nous servant du langage d'Ulpien. — Le texte du *prœmium* précité nous fournit aussi un exemple de concours de deux ou plusieurs co-promettants qui contractent une même obligation.

C'est d'ailleurs une condition rigoureuse de l'*unité* de la créance ou de la dette, que les interrogations ou les réponses faites par deux ou plusieurs, se rapportent toutes à la même somme à payer, au même fait à réaliser, *ut parem causam suscipiant*, pour employer encore les expressions d'Ulpien. Mais il n'est pas également nécessaire que les co-promettants, s'ils doivent être obligés pour le même objet, le soient aussi de la même manière. Ainsi, d'après le § 5 *ibid.*, qui a reproduit un texte de Florentin, (loi 7, ff., *de duob. reis stipul.*), l'un des co-promettants peut s'obliger purement et simplement, et l'autre *in diem vel sub conditione*, ce qui n'empêchera pas le stipulant d'agir immédiatement contre le premier. — Cette inégalité dans l'époque de l'exigibilité, même dans le sort de la dette ne détruit pas l'égalité de son objet (*paris causa*) et cette égalité et suffisante.

Le principe de *l'unité*, que ne détruisent pas les observations précédentes, domine toutes les théories de ce titre ; il se reproduit constamment dans presque toutes les solutions auxquelles il sert de base. — Ainsi chacun des co-stipulants est créancier pour le tout, comme chacun des promettants est débiteur de tout.... *ex hujusmodi obligationibus et stipulationibus solidum singulis debetur et promittentes singuli in solidum tenentur* (§ 1er *ibid.*), de là cette conséquence naturelle que le paiement reçu par un seul des co-stipulants et fait par un seul des co-promettants éteint les actions des autres co-stipulants, et libère tous les autres co-promettants, *vel alter debitum accipiendo, vel alter solvendo, omnium perimit obligationem et omnes liberat.*

II. *Du concours dans les stipulations d'un débiteur principal et d'un second débiteur qui accède à l'obligation de celui-ci, en qualité de fidéjusseur.* — Si entre deux ou plusieurs co-promettants, il y a égalité de dette, *paris causa*, il n'en est pas ainsi en matière de fidéjussion ; la promesse faite par le fidéjusseur n'est que l'accessoire d'une promesse principale faite par un autre ; il y a sans doute dans ce cas comme dans l'autre, unité de dette, puisque c'est toujours le même objet qui est stipulé et promis, mais les obligations n'en sont pas moins différentes. — Il sera facile de s'en convaincre.

Le besoin ou le désir qu'éprouve un stipulant d'obtenir plus de sûretés pour l'exécution de la stipulation, a introduit l'intervention des fidéjusseurs, qui viennent s'obliger pour le promettant ; *pro eo qui promittit, solent alii obligari qui* FIDEJUSSORES *appellantur : quos homines accipere solent dum curant ut diligentius sibi cautum sit*. (Inst., liv. 3, tit 21, *de fidejussoribus*). On les appelait fidéjusseurs (*fidejussores*) par dérivation des locutions consacrées dans les stipulations constitutives de leur engagement et toujours indispensables pour sa validité... Le créancier disait à celui qui était disposé à s'engarer de cette manière : *fide tua esse jubes* ? et il répondait : *fide mea esse jubeo*. D'autres que des fidéjusseurs pouvaient encore s'obliger pour un débiteur, *pro eo qui promittit*. Gaius nous apprend en effet (comm. 3, § 115) que les lois reconnaissaient aussi des *sponsores* et des *fidepromissores*, ainsi désignés sous des qualifications toujours dérivées des locutions employées dans les sipulations qui leur étaient adressées : *Idem* DARI SPONDES ? *Idem* FIDE PROMITTIS ?

Les *sponsores* et les *fidepromissores*, régis par un droit uniforme (sauf l'exception introduite par la loi *Publilia*, et consignée dans le § 127 du comm. 3 des Instit. de Gaius, *ibid.*), se distinguaient des *fidejussores* sous plusieurs rapports. — C'est à Gaius seul (Inst. *ibid.*, § 118 et suivants) qu'il faut demander le parallèle * complet a

* Ce rapprochement est d'autant plus intéressant que le titre 21 des Institutes de Justinien, *de fidejussoribus*, n'est qu'un lambeau détaché par Tribonien des Institutes de Gaius. Les *sponsores* et les *fidepromissores* n'étant distingués que par leur nom, (sauf une exception toute particulière que nous indiquerons bientôt), nous les placerons sur la même ligne, en les comparant aux fidéjusseurs.

Résumons d'abord les différences.

1° Les *sponsores* et les *fidepromissores* ne pouvaient accéder qu'à des obligations parfaites par les paroles, sans qu'il fût nécessaire d'ailleurs que le promettant fût lui-même astreint par un lien obligatoire, *veluti si aut pupillus sine tutoris auctoritate, aut quilibet post mortem suam dari promiserit*. — Cependant tous les établir entr'eux, car la *fidejussio* ayant dans la dernière période de l'histoire du droit remplacé seule la *sponsio* et la *fidepromissio*, Tribonien ne nous parle plus que des fidéjusseurs.

jurisconsultes n'étaient pas d'accord sur le point de savoir s'ils pouvaient cautionner une promesse faite par un esclave ou par un étranger. — Les *fidéjusseurs* au contraire pouvaient garantir toute espèce d'obligation, sans aucune distinction entre celles qui seraient parfaites par la tradition de la chose, par les formules verbales, par l'écriture, par le seul consentement. On n'exigeait pas non plus que le promettant fût engagé par une obligation civile, mais il fallait du moins que son engagement pût être classé au nombre des obligations naturelles.

2° L'engagement contracté par les fidéjusseurs se transmettait à leurs héritiers, tandis que celui des *sponsores* et des *fidepromissores* qui étaient citoyens romains était personnel et s'éteignait avec eux (*ibid.*, § 120).

3° Les *sponsores* et les *fidepromissores* étaient primitivement soumis à une action perpétuelle vis-à-vis du stipulant qui pouvait demander à chacun d'eux la totalité de la dette; mais plus tard, les lois vinrent successivement adoucir leur condition. — En l'année 652 de la fondation de Rome, la loi *Apuleia (de sponsu)* commença par établir entr'eux une sorte de société, en autorisant celui qui aurait payé des quantités supérieures à sa part contributive dans la dette, à exercer une action en répétition contre ses co-obligés. — Bientôt après (année 659) une seconde loi, la loi *Furia*, source de faveurs nouvelles, déclara que les *sponsores* et les *fidepromissores* seraient libérés dans le délai de deux années, lorsque le stipulant n'exercerait aucune action dans ce délai, et dans le cas où il exercerait ses poursuites en temps opportun, elle voulait que l'obligation se divisât en autant de parts qu'il existerait de répondants au moment de l'exigibilité de la dette, et que chacun d'eux ne fût tenu que jusqu'à concurence de sa part virile.

La condition des fidéjusseurs était beaucoup plus rigoureuse. Étrangers aux bienfaits des lois *Apuleia* et *Furia*, toujours enlacés dans les liens d'une obligation perpétuelle, ceux-ci étaient tenus individuellement de la totalité de la dette. — Leur sort ne s'améliora que sous le règne de l'empereur Adrien, dont le rescrit autorisa les fidéjusseurs contre lesquels le stipulant demandait au Préteur une formule d'action pour la totalité de la dette, à demander la division de cette action en autant de parts qu'il existait de fidéjusseurs solvables *litis-contestatæ tempore*. — Cependant la loi *Furia*, si favorable pour les garants de la première espèce, n'était applicable que dans l'étendue du sol Italique. — Dans les provinces il n'y avait dès-lors aucune différence entre les *sponsores*, les *fidepromissores* et les *fidejussores* par rapport à la durée et à l'intensité des actions. — Les premiers avaient donc intérêt de recourir au rescrit d'Adrien pour obtenir le bénéfice de la division des actions, bénéfice qu'on ne leur refusait pas à l'aide d'une interprétation bienveillante. — Que s'ils payaient des sommes supérieures à leur part contributive, ils étaient toujours fondés à se prévaloir (pour agir en répétition contre leurs consorts) de la loi *Apuleia* qui avait survécu, pour les provinces, à la loi *Furia*. (§ 121-122).

Celui qui accède, en qualité de fidéjusseur, à une obligation souscrite par un autre s'engage à désintéresser le stipulant, si le promettant lui-même ne le désintéresse pas. Il assume donc sur sa tête tout le poids de l'obligation principale, et ce poids il le transmet à ses héritiers (*ad prœm.*, ? 2, *ibid.*). — De là cette conséquence que les fidéjusseurs ne peuvent être pris que dans la classe des personnes capables de s'engager. — Sous le règne de Claude un sénatus-consulte connu sous le nom de *sénatus-consulte Velleyen*, dont Ulpien nous a conservé le texte (l. 2, ff. *ad senat. consult. Vellei...*), défendait aux femmes de s'engager pour autrui de quelque manière que ce fût et notamment au moyen de la fidéjussion.

Le fidéjusseur à la différence du co-promettant ne contracte pas une dette personnelle, il ne s'oblige que pour un autre auquel il rend un service d'ami. La promesse qu'il fait étant accessoire à une promesse principale, on en déduit les corollaires suivants :

4° Une loi (dont le nom nous est resté inconnu, à cause d'une lacune du *manuscrit de Vérone*) obligeaient les stipulants qui exigeaient la garantie des *sponsores* et des *fidepromissores*, à déclarer d'avance et publiquement (*prædicere et palam declarare*) le nombre de ces garants et la quotité ou la consistance de la dette garantie. — L'omission de cette déclaration ouvrait aux *sponsores* et *fidepromissores* un droit précieux, celui de demander dans les XXX jours un *præjudicium* dont l'effet était d'entraîner leur libération, s'il était jugé que la formalité dont nous venons de parler n'avait pas été remplie. Ces dispositions législatives ne s'étendaient pas au fidéjusseurs; mais l'usage associa plus tard ceux-ci aux mêmes avantages (§ 123 *ibid.*).

Telle était la somme des dissemblances entre les deux classes de garants.

Voici les règles qui leur étaient communes.

1° Les *sponsores*, les *fidepromissores* et les *fidejussores* se trouvaient tous compris dans les dispositions bienfaisantes de la loi *Cornelia*, qui avait déterminé (à quelques exceptions près) la quotité des sommes ou des valeurs au-delà desquelles la même personne ne pourrait, dans le cours de la même année, se porter garant pour le même débiteur, en faveur du même stipulant. (*ibid.*, §§ 124, 125).

2° La condition de tous était encore identique, en ce que s'il leur était défendu de contracter un engagement plus étendu, plus onéreux que celui du débiteur principal, ils pouvaient du moins s'obliger par un lien plus étroit.

3° Enfin ils avaient tous cela de commun, que le *judicium mandati* leur offrait le moyen d'obtenir du débiteur principal la restitution des sommes qu'ils avaient payées pour lui. — Il faut remarquer à ce sujet, qu'une loi toute spéciale, la loi *Publilia*, permettait aux *sponsores* taxativement de demander par l'*actio depensi*, le remboursement du double. (*ibid.*, §§ 126, 127).

1° Toute fidéjussion suppose une obligation principale valable, sinon d'après le droit civil, du moins d'après le droit naturel (*ibid.*, § 2). — Peu importe d'ailleurs que cette obligation soit du nombre de celles qui sont parfaites, *re*, *verbis*, *litteris*, *aut consensu* (*ibid.*) qu'elle soit préexistante, ou qu'elle soit *in futuro contingenti*. Néanmoins, si l'obligation principale est future, la fidéjussion sera nécessairement conditionnelle, en ce sens qu'elle ne puisera son efficacité que dans l'existence de cette obligation.

2° Le paiement fait par le débiteur principal ou l'extinction de la dette opérée par tout autre, libère en principe les fidéjusseurs qui avaient accédé à cette dette.

3° Les fidéjusseurs peuvent bien contracter des engagements aussi étendus que le promettant, mais ils ne sauraient valablement en souscrire de plus étendus, *eorum* (*fidejussorum*) *obligatio* ACCESSIO *est principalis obligationis, nec plus in accessione potest esse quam in principali re* (Gaius, Inst., comm. 3, § 126. — Justin. Inst., § 5, *ibidem*). La proposition inverse serait évidemment inexacte, car rien n'empêche que l'accessoire ne soit inférieur au principal. — Dès-lors, pour nous servir des exemples que nous trouvons dans le § 5 (*ibid.*), si j'ai stipulé du débiteur principal le paiement de X pièces d'or, le fidéjusseur peut bien ne s'obliger que jusqu'à concurrence de V, mais il ne le pourrait pas jusqu'à concurrence de XV ; ou bien encore si le débiteur principal a promis purement et simplement, le fidéjusseur pourra bien ne s'obliger que sous condition, tandis que la proposition contraire ne serait pas admise. En d'autres termes, libre de s'obliger *in leviorem causam*, il ne peut, d'après la nature même de la fidéjussion, s'obliger *in duriorem causam*, selon les expressions consacrées dans un fragment d'Ulpien (loi 8, § 7, ff. *de fidejussor. et mandat.*) — Il faudra donc, pour apprécier la validité du cautionnement, comparer les promesses du débiteur principal et du fidéjusseur, rapprocher les quantités promises, les conditions, l'époque de l'exigibilité ; car selon la juste observation que nous voyons écrite dans le paragraphe 5 (*Inst. ibid.*), *non solum in quantitate, sed etiam in tempore, minus aut plus intelligitur.*

Si les promesses du fidéjusseur étaient plus étendues que celles du promettant, faudrait-il déclarer la fidéjussion nulle pour le tout ou seulement la réduire aux proportions de la dette principale? Les interprètes ont été partagés à ce sujet, bien qu'un texte du fragment précité d'Ulpien, semble prononcer la nullité de la fidéjussion pour le tout... *Quod si fuerint* (fidejussores) *in causam duriorem adhibiti, placuit eos* OMNINO *non obligari.*

Aucune controverse ne devait s'établir sur la nature des liens par lesquels le promettant et le fidéjusseur pouvaient s'engager vis-à-vis du stipulant... Tous les jurisconsultes ont en effet reconnu que s'il n'était pas permis au fidéjusseur de s'obliger *in duriorem causam*, il lui était du moins loisible de s'astreindre par un lien plus étroit et plus fort que celui du promettant (*arctiori vinculo*). — Ainsi une obligation civile résultant de la fidéjussion peut accéder, nous l'avons déjà dit, à une obligation purement naturelle. Les docteurs de la dernière école formulaient ces théories en disant : *fidejussor* INTENSIVÈ *obligari potest, non potest* EXTENSIVÈ.

4° Le fidéjusseur qui a été obligé de désintéresser le stipulant, a contre le promettant dont il a ainsi acquitté la dette, l'*actio mandati* pour se faire rembourser de tout ce qu'il a payé pour lui. — *Si quid autem fidejussor pro reo solverit, ejus recuperandi causa habet cum eo mandati judicium* (§ 6, *ibid.*).

Toutefois si le fidéjusseur est en principe tenu de désintéresser le stipulant, lorsque le promettant ne le désintéresse pas lui-même, il ne faut pas croire que cette obligation ne subisse diverses modifications selon les circonstances. — En effet, par des déductions sans doute analogues à celles qui précèdent, le fidéjusseur pouvait, dès l'origine, exiger que le créancier commençât par actionner ou discuter le débiteur principal. — Ce droit constitua pour les fidéjusseurs, un bénéfice que l'on appela *bénéfice d'ordre ou de discussion.*

Le bénéfice de discussion tomba en désuétude dans le beau siècle de la jurisprudence, et dès-lors le stipulant était le maître d'actionner à son choix le débiteur principal ou le fidéjusseur, avec cette précision néanmoins que l'action par lui exercée contre l'un d'eux libérait définitivement celui auquel l'option avait été favorable. — Par une de ses constitutions insérée dans le Code (loi 28, *de fidejuss...*), Justinien supprima ces effets de l'option du créancier, et rétablit bientôt après par sa Novelle 4, chapitre 1er, l'exception d'ordre ou de discussion.

D'un autre côté, lorsque plusieurs fidéjusseurs avaient accédé à la dette d'autrui, ils étaient tous solidaires vis-à-vis le stipulant, qui pouvait demander à chacun la totalité de la créance.

Le co-fidéjusseur, qui payait ainsi la totalité, n'avait

de recours que contre le débiteur principal par l'*actio mandati* dont nous avons parlé, d'après le § 6 de notre titre. Mais il était privé de toute action en répétition contre ses co-fidéjusseurs, parce que, bien qu'il eût seul intégralement désintéressé le stipulant, il n'avait en cela fait qu'acquitter sa dette, et parce que d'ailleurs ce paiement avait de plein droit libéré tous ses co-fidéjusseurs qui avaient accédé comme lui à la même dette. — Pour obtenir cette répétition contre ses co-fidéjusseurs, il n'avait qu'à demander au créancier, auquel il offrait un paiement intégral, la cession des actions inhérentes à sa créance, et au moyen de cette subrogation à ses droits, il acquérait une action contre ses co-fidéjusseurs, et voyait s'augmenter sensiblement celles que le droit commun, c'est-à-dire, le *judicium mandati* lui garantissait contre le débiteur principal.

La cession des actions devait être faite par le créancier à l'instant même du paiement. Il ne pouvait la refuser au fidéjusseur qui opérait ce paiement pour la totalité; son refus aurait fourni à ce dernier un exception que les textes désignent, à cause de son origine, sous le nom *d'exceptio cedendarum actionum*. Julien caractérisait ce droit lorsqu'il écrivait: *Fidejussoribus succurri solet, ut stipulator compellatur ei qui solidum solvere paratus est, vendere cæterorum nomina* (loi 17, ff. *de fidejussor. et mand...*).

La cession d'actions, efficace pour le cessionnaire contre le débiteur principal et contre les co-fidéjusseurs, devenait illusoire lorsque ceux-ci étaient insolvables. Frappé de ces désavantages de la condition des fidéjusseurs qui avaient payé la totalité de la dette, l'empereur Adrien l'améliora sensiblement. Par un de ses rescrits connu en jurisprudence sous le nom d'*Epistola divi Adriani*, il autorisa le fidéjusseur qui était recherché pour la totalité à demander au Préteur, à qui le créancier s'adressait pour obtenir la formule de son action, qu'il divisât l'action en autant de parts qu'il y avait de co-fidéjusseurs solvables *litis-contestatæ tempore*, * et d'obtenir ainsi que le magistrat n'accordât à ce créancier contre lui qu'une action partielle, divisée d'après les bases que nous venons d'énoncer, *desiderare ut in se* PRO PARTE *detur actio*. (Inst., § 4, *ibidem*). Ce bénéfice est connu sous le nom de

* Nous verrons, en traitant des actions, ce qu'on entendait par *litis-contestatio*.

division d'actions. Par cet ordre, l'insolvabilité des co-fidéjusseurs antérieure à la *litis contestatio* pesait sur les co-fidéjusseurs solvables, tandis que l'insolvabilité postérieure retombait sur le créancier auquel le fidéjusseur actionné *in solidum* opposait le rescrit d'Adrien; car si ce fidéjusseur négligeait de s'en prévaloir, il souffrait seul de cette insolvabilité, soit qu'il réclamât ou non le bénéfice de la cession d'actions. — Ainsi furent successivement admises dans l'intérêt des fidéjusseurs trois espèces d'exceptions que nous venons de présenter dans l'ordre historique; l'exception d'ordre ou de discussion, l'exception de cession d'actions, enfin l'exception de division. Le fidéjusseur pouvait opposer encore au créancier les exceptions que le promettant aurait pu lui opposer lui-même, pourvu que ces exceptions fussent inhérentes à la dette. (*Inst. liv. 4, de except.*, § 4).

Après cette espèce de digression relative aux co-stipulants, aux co-promettants et aux fidéjusseurs, revenons à notre point de départ, c'est-à-dire, à la série des propositions que notre plan a promises.

Jusqu'ici nous avons vu 1° quelles sont les formes de la stipulation; 2° quels sont les éléments essentiels ou accidentels des stipulations. Il ne nous reste donc plus, pour compléter nos cadres, qu'à parler de la manière dont elles se prouvent, et qu'à déterminer les personnes à qui, lorsqu'elles sont prouvées, elles peuvent nuire ou profiter.

§ III.

De la preuve des stipulations et de leurs effets.

I. *De la preuve des stipulations.* — Nous avons rencontré dans l'analyse des Institutes de Justinien trois textes relatifs à la preuve des stipulations principales ou accessoires, savoir : les § 12 et 17 du titre 20 *de inutilib... stipulat...* et le § 8e du titre 21 de *fidejussoribus*.

On peut déduire de ces textes rapprochés la théorie suivante :

La déclaration faite dans un acte écrit, *in instrumento*, qu'une promesse a été faite, constate implicitement que cette promesse a eu lieu en réponse à une interrogation régulière et que le contrat verbal ne laisse rien à désirer (§ 17 *de inutil... stipulat...*). Il en est de même lorsqu'un document de cette nature établit qu'une fidéjussion a eu lieu; *omnia censentur solemniter acta*, dit le § 8 *de fidejussoribus*.

Le document écrit constatant que les parties étaient présentes lors de la stipulation, ne pourra être attaqué comme énonçant un fait faux de la part de celui qui alléguerait avoir été absent, à moins qu'il ne prouve par les témoignages les plus évidents émanant, ou d'autres documents écrits, ou des attestations de personnes dignes de confiance, que pendant toute la durée du jour où la prétendue stipulation serait intervenue, son adversaire ou lui se trouvait dans un lieu différent (§ 12, *de inutil... stipulat...*). — Telle n'avait pas toujours été dans le Droit Romain, la force probante des témoignages écrits. Pendant longtemps il fut facile de les ébranler par des allégations plus ou moins futiles. — L'exécution loyale des engagements en souffrait. La bonne foi des créanciers était à chaque instant surprise par les dénégations mensongères des débiteurs, surtout à l'égard des obligations d'une date ancienne. — Jaloux de mettre un terme à ces abus et de tarir, dans l'intérêt du public, une source si féconde en litiges (*propter celeritatem dirimendarum litium*), Justinien par une de ces Constitutions adressée aux avocats de Césarée, proclama les sages principes que nous venons d'exposer.

A défaut de preuve écrite, l'obligation verbale pouvait encore être constatée par la preuve testimoniale, comme on le voit par l'ensemble du titre des Pandectes de *fide instrumentorum*. — Le titre (*ibid.*) *de testibus* renferme les règles les plus sûres pour apprécier convenablement les éléments d'une preuve de cette nature, nécessairement la plus ancienne dans l'ordre de la civilisation.

II. *Des effets des stipulations.* — Constatées par des documents écrits, par la preuve testimoniale, ou de toute autre manière, à qui les stipulations peuvent-elles profiter ou nuire ? enfin quelles actions confèrent-elles au stipulant ?

C'était une règle invariable dans le droit Romain qu'une personne *sui juris* ne pouvait stipuler que dans son propre intérêt, *ad hoc inventæ sunt hujus modi obligationes* (*stipulationes*), *ut unusquisque acquirat sibi quod sua interest... cæterum ut alii detur nihil interest mea*, disait Ulpien (loi 38, § 17, ff. *de verb. obligat.*) dont Tribonien a reproduit le langage (*Inst. de inutil. stipulat.*, § 19). Ulpien lui-même ne faisait que traduire cette maxime du jurisconsulte Q. Mucius Scævola qui florissait dans les derniers temps de la république : *nec paciscendo, nec legem dicendo quisquam alteri caveri potest* (loi 73, § 4, ff. *de div. reg. juris antiqui*).

Le stipulant ne pouvait donc stipuler que pour lui-même ; la stipulation qu'il aurait faite dans l'intérêt d'un autre ne pouvait profiter à celui-ci. Le § 5 du titre 9 du 2e livre des Instit., *per quas person. cuiq. acquirit.*, nous avait appris déjà que nous ne pouvions acquérir par le ministère d'une personne *étrangère*, c'est-à-dire en dehors des liens de notre puissance, *per extraneam personam nihil acquiri posse.*

A côte de cette proposition, nous placerons les exceptions suivantes, disséminées dans divers textes :

1o Il est permis aux personnes *alieni juris* de stipuler dans l'intérêt de ceux à la puissance desquels elles sont soumises. — Il y a mieux, on l'a déjà vu, le bénéfice de toutes les stipulations faites par le fils de famille est acquis à l'ascendant qui a sur lui le droit de puissance, comme l'émolument des stipulations de l'esclave est acquis à son maître. — Cette règle commune à toutes les obligations en général ressort de plusieurs titres que nous avons déjà parcourus, et c'est par une superfétation saillante que Tribonien développe encore la même proposition dans les titres 18e de *stipulat. verb.*, et 29 *per quas pers. nobis obligat.... acquiritur*, qui n'ajoutent rien aux notions précédemment consignées dans le titre 9 précité du 2e livre de ses Institutes.

Incapables de stipuler pour d'autres que ceux sous la puissance desquels ils sont placés (sauf par rapport aux pécules pour lesquels ils sont considérés comme étant *sui juris*), les fils de famille peuvent valablement promettre et s'engager vis-à-vis d'un stipulant étranger pourvu qu'ils respectent les prohibitions du sénatus-consulte Macédonien dont nous parlerons en traitant des *Actions*. (*Inst.*, *liv. 4*, *tit. 7* : *Quod cum eo...* § 7). Il n'en est pas de même des esclaves qui, privés de tous droits civils, ne pouvaient jamais se lier que par des obligations purement *naturelles*, soit vis-à-vis de leurs maîtres, soit vis-à-vis des tiers. — Tribonien a fait ressortir cette inégalité de condition lorsqu'il a dit dans la dernière partie du § 6, *de inutil. stip.*, qui trouve ici naturellement sa place : *servus quidem non solum domino suo obligari non potest civiliter, sed ne alii quidem ulli ; filii vero familias aliis obligari possunt.*

2o La stipulation faite par une personne *sui juris*, en faveur d'une autre est valable, 1o lorsque le stipulant ajoute dans son propre intérêt à l'obligation une clause pénale, pour le cas où le promettant n'exécuterait pas cette obligation (*de inutilib. stipulat...*, § 19, *ibid*) ; 2o lorsqu'il avait stipulé et pour lui-même et pour autrui en même temps (*sibi et alii*, § 47 *bis*). Les écoles de Capiton et de Labeon s'étaient cependant divisées sur l'effet d'une telle stipulation. — Les Sabiniens estimaient que le stipulant pouvait réclamer la totalité de l'objet stipulé, tandis que les Proculéiens, dont Justinien adopte ici l'opinion (*ibid.*, § 4), ne lui conféraient des droits que jusqu'à concurrence de la moitié. (Gaius, Inst. comm. 2, § 103). 3° Enfin toutes les fois que le stipulant retirait un intérêt, cet intérêt ne fût-il *qu'indirect*, de la stipulation qu'il fait pour un autre (§ 20, *ibidem*).

Le principe que nous avons posé n'a d'ailleurs jamais empêché le stipulant de s'adjoindre un tiers autorisé à recevoir comme lui le paiement de l'objet stipulé. Ce tiers était désigné, nous l'avons déjà remarqué, sous le nom *d'adstipulator*, et son intervention n'était employée presque taxativement que dans le cas où le stipulant se faisait promettre une chose payable après sa mort. (Gaius, § 117). — Sous Justinien on ne connaît plus *d'adstipulateurs* parce qu'il était permis aux stipulants de prendre pour terme de la stipulation une époque postérieure à leur mort. — Mais on n'en continue pas moins de tolérer l'adjonction d'une personne qui n'aura, comme *l'adstipulator* d'autrefois, qu'un droit non transmissible à ses propres héritiers, celui de recevoir (même malgré le stipulant, *invito eo*) le paiement dont elle sera comptable par l'action du mandat, vis-à-vis des stipulants ou de ses héritiers.

S'il n'est pas permis en thèse de stipuler dans l'intérêt d'autrui, et si par cela même les stipulations ne profitent qu'aux stipulants, il n'est pas non plus permis de promettre pour autrui. Une telle promesse qui n'engagerait pas son auteur, engagerait encore moins celui pour qui elle aurait été faite, suivant cette maxime de Papinien : *non debet alteri per alterum iniqua conditio inferri* (loi 74, ff., *de div. reg. jur. ant.*). Néanmoins si le promettant avait garanti que celui dont il a promis le fait exécuterait son obligation, cette promesse le liera en ce sens qu'en cas d'inexécution de l'obligation, il sera condamné personnellement vis-à-vis du stipulant, *in id quod interest* (*de inutil. stipul*, § 3). — Un engagement de cette espèce est encore valable toutes les fois que le promettant se soumet à une clause pénale, dans le cas où la promesse par lui faite resterait sans exécution. (*Ibid.*, § 21).

Remarquons enfin que des stipulations, dérivent pour le stipulant deux actions, toutes deux *stricti juris* ; l'une CONDICTIO CERTI, lorsque l'obligation est déterminée, si *certa sit*, et l'autre ACTIO EX STIPULATU, si l'obligation est indéterminée, *si incerta sit* (*Inst. de verb. obligat. ad præmium.*) Mais que faut-il entendre par une obligation déterminée (*certa*), et par une obligation indéterminée (*incerta*) ? L'obligation est déterminée, dit Gaius (loi 74, ff., *de verb. obligat.*) lorsque *ex ipsâ pronunciatione apparet, quid, quale, quantumque sit ; ut ecce* AUREI DECEM, TUSCULANUS FUNDUS, HOMO STICHUS. — Elle sera dès-lors indéterminée (c'est Ulpien qui parle, loi 75, *ibid.*) *ubi non apparet, quid, quale, quantumque est in stipulatione*, par exemple, *si vel hominem generaliter sine proprio nomine, aut vinum, frumentum sine quantitate, dari sibi stipuletur* (*ibidem*).

Cette distinction qui exerçait sur la nature des actions à intenter une influence décisive, était fort importante, comme nous le verrons plus tard, à cause des conséquences qu'entraînait le choix ou plutôt l'exercice d'une action mal fondée.

CHAPITRE III.

Des Contrats qui se forment par l'écriture (de litterarum obligationibus.)

Les diverses espèces d'obligations, dont nous avons parlé dans les deux chapitres précédents, étaient connues dans la première période de l'histoire de droit. — Il n'en est pas de même de l'obligation qui se formait *litteris*. Celle-ci ne fut en usage que dans le cours de la période suivante, et ne conserva même pas ses caractères primitifs jusqu'à la dernière phase de la jurisprudence, car les idées de Gaius et de Tribonien sont, à ce sujet, sensiblement différentes. — En effet, dans le cours de la troisième période, pendant laquelle Gaius écrivait, il y avait (Inst., comm. 3, § 128, 129 et suivants) obligation formée au moyen de l'écriture, *in nominibus transcripticiis*. Le contrat supposait une obligation nouvelle née d'une convention préexistante, et qui apportait quelque changement soit à la chose due, *à re in personam*, soit seulement à la personne du débiteur, *à personâ in personam*.

Les Romains, on le sait, étaient dans l'usage de tenir des registres sur lesquels ils inscrivaient ce qui leur était dû et ce qu'ils devaient à d'autres, c'est-à-dire leur actif et leur passif. — Dès qu'une dette était inscrite sur les registres du créancier (lorsque d'un autre côté elle était portée sur les registres du débiteur *) cette inscription constituait un contrat que l'on appelait littéral (*litterarum obligatio*) — L'écriture était destinée ici , comme dans les *arcaria nomina* , à certifier seulement l'existence de l'obligation , *obligationis factæ testimonium præbere*. — Elle en était le principe substantiel , parce que l'obligation inscrite était le résultat d'une novation , soit par la substitution d'une nouvelle dette à une dette préexistante (Gaius , *ibid.* , § 129 , 130 , 131 , 133) , soit par la substitution d'un nouveau débiteur à l'ancien.

Il paraît que ce genre d'obligation n'était admis qu'entre citoyens Romains. — Entre étrangers (*peregrinos*) , on considérait aussi les déclarations privées contenant des reconnaissances de dettes , comme des obligations formées par l'écriture (*obligatio fieri videtur chirographis et syngraphys*); pourvu toutefois qu'aucune stipulation ne fût intervenue ; car il y aurait eu obligation parfaite par les paroles (*verbis*) et non par l'écriture (*litteris*).

Dans le Bas-Empire , les *nomina* dont nous avons parlé , et qui étaient usités principalement , peut-être même exclusivement , dans la 3e période , parmi les banquiers , tombèrent en désuétude. — Tribonien aurait dû par cela même n'admettre qu'une triple division de contrats et passer sous silence la division dont nous nous occupons. — Mais en travaillant à la compilation de ses Institutes , surtout pour la partie des obligations , il suivait d'une manière servile la méthode de Gaius dont il adoptait généralement les cadres. — Cet esprit d'imitation l'entraîna très-vraisemblablement à conserver dans son œuvre élémentaire (les Pandectes ne font pas mention une seule fois de l'obligation *litteris*) , la division quadruple des contrats admis par ce jurisconsulte (Inst. comment. 3 , § 89). Il lui fallut dès-lors pour remplir ses cadres prendre un exemple qui eût le plus d'analogie non avec les *nomina transcriptitia* , tombés en désuétude , mais avec les obligations qui se formaient *chiro-*

* Telle est du moins la précision que fait M. Ortolan (*Explication historique des Institutes de Justinien*, d'après la paraphrase de Théophile, et d'après Heineccius (*Vid. antiq. Rom.*, *lib.* 3, *tit.* XVI-XX, *pag.* 459-60). — Les textes de Gaius semblent néanmoins n'exiger l'inscription que sur les registres du créancier. Ce jurisconsulte écrit en effet dans le § 129 : *A re in personam transcriptio fit, veluti si id quod ex emptionis causa aut conductionis aut societatis mihi debes*, ID EXPENSUM TIBI TULERO. — Dans le § 137, *ibid.*, on lit encore..... *cum in nominibus transcripticiis alter expensum ferendo obliget, alius obligetur.*

graphis et *syngraphys* dont parle Gaius, et on choisit, ainsi que le prouve le titre 22 *de litterarum obligationibus*, les reconnaissances constatant une numération d'espèces qui, en réalité, n'avait pas eu lieu, reconnaissances que l'on considéra comme formant des obligations (*litteris*) lorsque dans le délai de cinq ans, ou plutôt sous Justinien dans le délai de deux ans, le débiteur ne s'était pas plaint du défaut de numération.

Ce qui fait ressortir à nos yeux d'une manière évidente la pensée d'imitation de Tribonien, c'est que dans le titre précité de *litter. obligat.* nous retrouvons exactement la précision que faisait Gaius au sujet des contrats formés *chirographis* et *syngraphys* : *scilicet si eo nomine stipulatio non fiat*. Le compilateur qui s'est borné à changer les mots a dit (*ibid.*) : *et ex ea quidem nascatur conditio cessante verborum obligatione*.

Telles sont les conjectures que nous avons cru pouvoir hasarder au milieu des interprétations plus ou moins obscures que nous offrent les commentateurs *, au sujet d'une obligation qui, sous Justinien, n'est que d'une manière fort impropre *obligatio litteris*. Qui ne voit en effet, quoi qu'en ait dit Tribonien, que l'écriture constitue seulement dans l'espèce par lui proposée la *preuve* de l'obligation, preuve contre laquelle le débiteur ne peut plus s'élever, à cause de la déchéance qu'il a encourue pour ne s'être pas plaint du défaut de numération dans le délai fixé ? Il n'y a donc aucun rapport proprement dit entre les *nomina transcriptitia*, dont parlait Gaius, et les *litterarum obligationes* que Tribonien leur a substituées... *tota ratione abhorrent ab antiquà litterarum obligatione, ea quæ de scripturà post biennium obligante traduntur*, dit M. Mühlenbruch **.

* Voyez encore à ce sujet Mynsinger et Vinnius dans leurs Commentaires sur ce titre aux *Institutes de l'Empereur Justinien*. — M. Ducaurroy, *Institutes expliquées*, tom. 3, page 112 et suiv. — M. Hugo, *Histoire du Droit Romain*, tome 1er, page 448.

** *Doctrina Pandectarum Scholarum in usum; vol.* 2, *pars secund.*, *pag.* 250.

CHAPITRE IV.

Des Contrats qui se forment par le seul consentement.
(solo consensu).

Les contrats dont nous allons parler ne s'introduisirent, de même que les *obligationes litteris*, que dans le cours de la 2e période de l'histoire du droit. — Ils présupposent tous, par leur nature même, un degré de civilisation avancée, le sol national agrandi, l'industrie en état de progrès, des transactions intervenant entre des citoyens séparés par des distances plus ou moins considérables. — Ces quatre contrats sont la vente, l'achat (*emptio et venditio*), le louage (*locatio conductio*), la société (*societas*), et le mandat (*mandatum*). — Ils composent la quatrième division et sont désignés sous le nom de contrats *consensuels*. — Sans doute aucune des obligations que nous avons déjà passées en revue n'est valable sans le consentement respectif des parties ; nous l'avons déjà fait remarquer avec Ulpien qui parlait lui-même d'après Pédius (loi 1re, ff. *de pactis*) : *nullus est contractus, nulla est obligatio quæ non habeat in se conventionem*, et en ce sens tous les contrats sont consensuels. Mais cette qualification est devenue le partage exclusif et caractéristique des quatre contrats que nous venons de mentionner, parce qu'ils sont obligatoires et confèrent une action juridique, en vertu du seul consentement, sans le secours, ni de la tradition d'une chose, ni des formules de la stipulation, ni de l'écriture ; ce qui les distingue entièrement des trois autres espèces de contrats dont nous avons parlé jusqu'ici : *Ideò... istis modis consensu dicimus obligationes contrahi*, disait Gaius (comm. 3, ℥ 136), *quia neque verborum, neque scripturæ ulla proprietas desideratur...* (Tribonien ajoute : *ac nec dari quidquam necesse est, Inst. tit. 23 de obligat. ex consensu*), *sed sufficit eos qui negocia gerunt consentire.*

Ces quatre contrats ont principalement cela de commun entr'eux, 1o qu'ils peuvent intervenir, par le ministère d'un messager, ou par la correspondance, entre des personnes qui se trouvent dans des lieux différents, *inter absentes* ; 2o qu'ils sont tous de bonne foi, *bonæ fidei*, caractère attributif pour le juge de pouvoirs fort étendus dans l'appréciation des différends auxquels ils peuvent donner lieu, ainsi que nous le verrons plus tard (Gaius, *ibid.*, ℥ 137-138. — Inst. *ibid.*, *de oblig. quæ ex con-*

sens...). Mais s'ils appartiennent tous à la même famille, chacun d'eux n'en a pas moins son individualité qui le soumet à des principes particuliers que nous allons successivement explorer avec les textes.

§ Ier

De l'Achat et de de la Vente (de emptione et venditione).

La progression qui préside à la formation des sociétés suffit pour nous faire comprendre que l'achat et la vente ne doivent pas être comptés au nombre des contrats originaires. Les relations d'intérêt privé durent nécessairement commencer par des prêts, et surtout par des échanges, des choses les plus nécessaires à la vie. Le commerce à son berceau ne vécut que d'échanges. — Cependant ces transactions primitives se trouvèrent plus d'une fois entravées par les difficultés qu'éprouvaient les co-permutants de s'offrir des objets à leur convenance respective, et il fallut dès-lors créer une matière qui pût être considérée comme la valeur représentative de toutes les choses mercantiles, et avoir en même temps une valeur commune pour tous. Sous l'influence de ces besoins impérieux, surgit l'argent monnoyé, *pecunia numerata, nummus.* — On distingua alors dans l'échange, d'une part un objet mercantile (*merx*), de l'autre le prix de cet objet (*nummus*), et le contrat de vente, *emptio venditio*, prit naissance. — La vente est donc fille de l'échange; *origo vendendi emendique à permutatione cœpit*, disait le jurisconsulte Paul auquel nous avons emprunté les notions qui précèdent (loi 1re, ff. de *contrah. empt.*).

Ce ne fut cependant pas sans de longues controverses, palpitantes d'intérêt à cause de leurs conséquences (loi 1re, ff. *de rer. permutat.*), que la vente parvint à conquérir une existence individuelle, distincte de l'échange dont elle descendait. — Influencés sans doute par cette filiation, les Sabiniens estimaient qu'il n'était pas nécessaire que le prix de la vente consistât en argent monnoyé. — Ils professèrent dans leurs Écoles que ce prix pouvait consister indifféremment en objets d'une autre nature, par exemple, qu'un esclave pouvait servir de prix à un fonds de terre et réciproquement... Les Proculéiens, dont les théories reposaient généralement sur l'investigation sévère des causes et de la nature des institutions *, combattirent vivement une doctrine qui, à leurs yeux, confondait la vente avec l'échange et empêchait de reconnaître quelle était, parmi les deux, la chose vendue et quel était le prix; l'une et l'autre pouvait être considérée alternativement sous ce double rapport. — L'opinion des Proculéiens était fondée par cela seul qu'elle contenait l'expression des faits accomplis; aussi avait-elle déjà prévalu à l'époque de Gaius (Inst. comm. 3, § 141). Paul, malgré ses tendances vers les doctrines des Sabiniens, lui accorda son assentiment (loi 1re, ff. *ibid.*), que Justinien à son tour ne lui a pas refusé (Institutes, titre 24, *de emptione et vendit.*, § 2).

La vente forma donc un contrat *sui generis* dont les règles sont développées avec une grande diffusion dans plusieurs titres des Pandectes et auquel Tribonien n'a consacré que quelques paragraphes dans le titre 24 du 3e livre *de emptione et venditione*. Il n'a choisi pour ainsi dire dans toute cette matière qu'un seul point de vue, celui de la *perfection de la vente*, encore ce point de vue est-il loin d'être envisagé d'une manière complète.

Nous aurons dès-lors à examiner avec lui quels sont les éléments constitutifs de cette perfection et quels effets en dérivent.

La 1re partie du *prœmium* pose à cet égard, d'après Gaius, (Inst. comm. 3, § 139) ce principe que la vente est parfaite dès que les parties sont d'accord entr'elles sur le prix, *simul atque de pretio convenerit*, bien que ce prix n'ait pas été payé par l'acheteur et que des arrhes n'aient pas même été données, *quamvis nondum pretium numeratum sit, ac ne arrha quidem data.*

Avant d'examiner si cette proposition, qui semble faire consister la perfection de la vente dans l'accord des parties sur le prix, est exacte ou non, demandons-nous quels caractères ce prix doit présenter.

Il doit, d'abord, consister en argent monnoyé, puisque, nous l'avons déjà dit, cette précision a constitué en dernière analyse la ligne de démarcation entre le contrat d'échange, et le contrat de vente.

Indépendamment de cette première qualité, le prix doit

* Pour se former une idée convenable de l'esprit particulier des deux sectes des Proculéiens et Sabiniens, on peut consulter avec fruit les *Prolégomènes des Pandectes de Pothier* qu'il importe cependant de modifier d'après les doctrines plus récentes de M. Hugo. (*Histoire du Droit Romain*, *tome* 2).

encore être certain, *certum*. — Tous les jurisconsultes ont toujours été unanimes sur ce point. — Mais lorsqu'il fallut en faire l'application à une vente, dont le prix avait été laissé par les contractants à l'arbitrage d'un tiers, *quanti ille estimaverit*, un nouveau dissentiment s'éleva entre les disciples de Capiton et de Labéon. — Les premiers se prononcèrent pour la nullité radicale d'une semblable convention ; les seconds, moins rigoureux, la validèrent en la considérant comme une vente conditionnelle en ce sens que si le tiers remplissait le mandat qu'il avait reçu, le prix serait celui qu'il aurait arbitré, et que s'il ne voulait ou ne pouvait procéder à cet arbitrage, cette vente serait par cela même nulle (Gaius, *ibid.*, § 140). L'opinion des Proculéiens l'emporte encore cette fois, auprès de Justinien, comme on le voit dans le § 1er, *ibidem*.

Enfin, le prix doit être sérieux, c'est-à-dire, qu'il ne doit pas offrir une trop grande disproportion avec la valeur réelle de l'objet vendu. S'il en était autrement, le contrat auquel on aurait donné le nom de vente ne serait en réalité qu'une promesse de donner, lorsque telle a été l'intention du vendeur (Loi 36, ff. *de cont. empt.*), et en l'absence de toute idée de libéralité, celui-ci pouvait, depuis la constitution des empereurs Dioclétien et Maximien, demander la rescision de la vente pour cause de lésion. Le texte de cette sage constitution fera suffisamment connaître et les motifs qui déterminèrent ses auteurs, et les cas dans lesquels elle pouvait être invoquée.

Un vendeur qui se plaignait d'avoir aliéné à vil prix un fonds de terre d'une valeur considérable, s'étant adressé à ces empereurs, ceux-ci lui répondirent : *Si* REM MAJORIS PRETII, *si tu vel pater tuus minoris distraxeris :* HUMANUM EST *ut vel pretium te restituente emptoribus* FUNDUM VENUNDATUM *recipias, auctoritate judicis intercedente ; et si emptor elegerit, quod deest justo pretio recipias. Minus autem* PRETIUM *esse videtur, si* NEC DIMIDIA PARS VERI PRETII *soluta sit* (l. 2, Cod. de *rescind. vendit.*).

Tels sont les caractères que le prix doit offrir, caractères que les jurisconsultes ont développé dans toutes leurs conséquences, parce que, selon Papinien (l. 72, ff. *ibid.*), le prix forme la substance de la vente, *emptionis substantia consistit in pretio*. — Tribonien semble lui-même avoir été préoccupé de cette pensée dans la rédaction de ses Institutes, où sur cinq paragraphes trois sont consacrés aux développements des caractères que le prix doit avoir.

La question du prix est donc une question substantielle, vitale en matière de vente. — Il ne faut pas croire cependant que lorsque les parties sont d'accord à ce sujet, la vente est par cela même parfaite ; car dans l'ordre même des idées, avant de s'occuper du prix, les contractants ont dû avant tout s'accorder sur l'objet même du contrat ; c'est-à-dire, sur la chose qui doit être vendue par l'un et achetée par l'autre.

Tribonien, bien moins explicite sur ce second élément essentiel de la vente que sur le premier, se borne à nous apprendre que pour la validité de l'obligation, il est nécessaire que la chose vendue soit dans le commerce. — L'application de ce principe n'exigeait aucune précision lorsque l'acheteur connaissait le vice de la chose, c'est-à-dire, son exclusion du commerce ; mais lorsqu'il l'ignorait, s'il était privé, même dans ce cas, du droit de réclamer la tradition de l'objet, il avait du moins contre son vendeur de mauvaise foi, l'action *ex empto* à l'effet d'obtenir une indemnité proportionnée à l'intérêt qu'il aurait eu de ne pas être trompé, *ut consequatur quod sua interest eum deceptum non fuisse* (*ibid.*).

Il est encore nécessaire que la chose vendue existe, du moins en partie, au moment même du contrat ; *nec emptio, nec venditio sine re quæ veneat intelligi potest*, écrivait le jurisconsulte Pomponius (l. 8, *ibid.*). — Paul, qui ne pouvait se montrer dissident sur un principe de cette nature, a eu le soin d'apprécier le droit des parties en raison de leur bonne ou mauvaise foi, lorsque la chose vendue n'existait plus que partiellement au moment du contrat. (Loi 57, ff. *ibid.*).

Il n'était pas également indispensable que la chose vendue fût la propriété du vendeur. Celui-ci ne s'obligeait pas (cette précision du droit romain est digne de remarque), à transporter la propriété de cette chose sur la tête de l'acheteur. Le seul engagement qu'il contractait, c'était d'en faire jouir celui-ci, *ei habere licere*, pour nous servir des expressions consacrées, et dans le cas où il viendrait à être évincé, de le garantir des suites de cette éviction, au moyen de *l'actio empti* dont les règles sont largement tracées dans les titres du Digeste *de action. empt. et vendit... de evictionib. et de stipulat. duplæ.*

La vente pouvait encore porter sur des choses corporelles comme sur des choses incorporelles, sur des choses fongibles comme sur des choses non fongibles, sur des droits certains comme sur une simple espérance, même sur une simple chance (*quasi alea*) comme par exemple, *captus piscium... vel avium.*

Lorsque les contractants étaient d'accord et sur la chose (dont nous venons de développer les qualités) et sur le prix, lorsque d'un autre côté il y avait concours de volontés de leur part sur le fait même de la vente, alors, mais seulement alors, le contrat est parfait, car Ulpien a écrit : *cæterum sive in ipsâ emptione dissentiant, sive in pretio*, SIVE IN QUO ALIO, *emptio imperfecta est* (loi 9, ff. *ibid.*). — Il faut toutefois remarquer avec Gaius que lorsque la vente a pour objet des choses, *quæ pondere, numero, mensurâve constant*, si ces choses fongibles ne sont pas vendues en bloc (*per aversionem*), la vente n'est parfaite que lorsqu'elles ont été nombrées, pesées ou mesurées, en ce sens que la chose vendue n'est aux risques et périls de l'acheteur qu'après ces diverses opérations (loi 35, § 5, ff. *ibid.*).

L'écriture n'est pas, comme on le voit et comme l'avaient d'ailleurs fait pressentir nos prolégomènes sur les contrats consensuels en général, un des éléments essentiels de la vente. — Il est loisible sans doute à ceux qui forment le projet de vendre et d'acheter, de faire de la rédaction d'un acte écrit (*instrumenti*), une condition de ce contrat, et si dans ce cas des arrhes ont été données, la seule sanction qu'elles obtiennent, tant que la vente est restée ainsi dans les termes d'un simple projet, c'est d'obliger celui qui les a données de les perdre et celui qui les a reçues de restituer le double à l'autre *. Mais en l'absence de cette

* Le *prœmium* de notre titre aux Institutes de *empt. et vendit.* renferme au sujet des *arrhes*, une difficulté sérieuse. Elles y sont en effet, considérées sous deux points de vue tout-à-fait divergents. Dans le premier membre du texte, Tribonien qui reproduit en cela et d'une manière littérale les expressions de Gaius (comm 3. § 139) déclare en principe que les arrhes sont une preuve de la perfection du contrat de vente, *quod arrhæ nomine datur argumentum est emptionis et venditionis contractæ.* Bientôt après et dans la dernière partie du même texte, Tribonien qui ne parle plus cette fois d'après Gaius, pose en principe à l'égard des ventes constatées par écrit comme à l'égard des ventes verbales, que celui des contractants qui éprouvera des regrets de s'être engagé, pourra se désister du contrat (*recedere ab emptione et venditione*) en perdant les arrhes qu'il aura données ou en doublant celles qu'il aurait reçues.

Comment concilier des solutions si contradictoires? Faut-il dire avec Vinnius et Pothier qu'il ne s'agit dans le second membre du *prœmium* que d'une vente *projetée* et non d'une vente *parfaite* convention, les ventes purement verbales sont valables et parfaites comme les ventes constatées par écrit, au moyen de la réunion des conditions dont nous venons de parler.

Quels sont les effets de la perfection de la vente ?

Cette perfection était attributive d'une double action : l'une en faveur de l'acheteur (*actio empti*), par laquelle, lorsqu'il offrait de payer le prix, il pouvait contraindre le vendeur à lui faire la tradition de la chose vendue avec ses adminicules et les accessions dont elle avait profité depuis la perfection du contrat, et l'autre en faveur du vendeur (*actio venditi*), par laquelle il obligeait l'acheteur à lui payer le prix avec les intérêts à compter du jour de la tradition. — L'acheteur qui n'avait pas rempli cette obligation ou qui de toute autre manière n'avait pas désintéressé le vendeur n'était saisi, bien que la chose lui eût été livrée, que d'une propriété conditionnelle et révocable. — Justinien nous l'avait appris dans le titre 1er du 2e livre des Instit. *de res... divis.* : *venditæ vero res et traditæ, non aliter emptori acquiruntur, quam si is venditori pretium solverit, vel alio modo ei satisfecerit, veluti expromissore aut pignore dato.* — La loi des XII tables avait elle-même formulé ce principe d'éternelle justice, qui avait sa base non-seulement dans le droit civil, mais encore dans le droit naturel. — Que si le vendeur, renonçant aux actions que lui garantissait la nature même du contrat, suivait la foi de son vendeur, la propriété de l'objet vendu faisait alors définitivement impression sur la tête de l'acheteur, alors même que celui-ci n'avait pas encore payé le prix (*ibid.*).

La perfection de la vente ne pouvait avoir pour résultat

et qu'alors les arrhes y sont regardées *tanquam argumentum emptionis et venditionis non* CONTRACTÆ *sed* CONTRAHENDÆ ? ou bien est-il permis de conjecturer avec M. Ducaurroy (Inst. expliquées, t. 3, p. 126 et suivantes) que par une dérogation aux principes de l'ancien droit, attestés par Gaius et reproduits au commencement du *præmium*, la remise des arrhes a été convertie sous Justinien en un simple *dédit* dont les effets se réduisaient à la perte de ces arrhes de la part de celui qui les avait comptées et à la restitution du double de la part de celui qui les avait reçues ? — L'opinion de Vinnius nous a paru jusqu'ici préférable. Elle a sans doute le grave inconvénient de faire violence à la lettre du texte, d'admettre l'interprétation là où le langage du législateur semble formel et positif ; mais il répugne d'un autre côté de croire que, par forme de transition, Justinien ait abrogé les théories du droit ancien, auxquelles il donne d'abord sa sanction. La précipitation qui a évidemment présidé à la rédaction du *præmium* est la seule cause de la difficulté.

de transférer sur la tête de l'acheteur le *dominium rei venditæ* sans le secours de la *mancipatio* ou de la *cessio in jure*, ou de la simple *traditio*, selon que la chose vendue était *inter res mancipi vel nec mancipi*. — Le vendeur qui n'avait pas encore livré restait donc, malgré la perfection du contrat, propriétaire de l'objet vendu : *qui nondum rem emptori tradidit adhuc dominus est.* (Inst. ₰ 4, *ibid.*). Nous rencontrons encore ici le principe : *non nudis pactis sed traditionibus dominia rerum transferuntur* (Loi 20, *Cod. de pact.*).

A Rome le droit était implanté dans la terre. Pendant longtemps le droit augural, symbole et fondement de tous les autres droits, fut attaché à la possession d'une partie, peut-être même d'une seule glèbe de ce champ privilégié qui, limité par une géométrie sacrée, était désigné sous le nom d'*ager romanus*. — Ces traditions religieuses et politiques exerceront sur la jurisprudence une influence qui survivra aux conquêtes des Plébéiens et aux mœurs primitives. Chez les Romains du Bas-Empire comme chez les anciens Quirites, la propriété ne commencera qu'avec la possession, et par suite l'acheteur ne sera maître de la chose vendue qu'après qu'il aura été mis en contact avec elle.

La perfection de la vente offre encore cela d'important qu'elle met la chose vendue aux risques et périls de l'acheteur et, par une juste réciprocité, le fait profiter de tous les avantages, de tous les accroissements qui peuvent en augmenter le volume, la valeur : *omne periculum et commodum rei venditæ ad emptorem pertinet*. Tribonien explique la convenance de cette réciprocité en invoquant l'axiòme vulgaire : *commodum ejus esse debet cujus periculum est*. C'est donc sur la tête de l'acheteur que retombe la perte totale ou partielle de l'objet vendu, quoique non livré, par suite de ces accidents que l'on qualifie vulgairement de cas fortuits, et dont les Institutes (₰ 3, *ibidem*) nous offrent plusieurs exemples. Malgré ces accidents, il n'en est pas moins toujous tenu de payer la totalité du prix ; *emptoris damnum est cui necesse est, licet rem non fuerit nactus, pretium solvere* (*ibid.*). — On le voit ; l'adage si connu : *res perit domino*, ne prédomine pas dans ces théories, car il aurait fait supporter toutes les pertes au vendeur, toujours investi de la propriété jusqu'à la tradition. Une autre maxime que nous avons déjà fait connaître, a prévalu : *Debitores certi corporis interitu hujusce corporis liberantur*. — Le vendeur est débiteur de l'objet vendu, il se trouve donc nécessairement libéré dès que ce corps a péri.

Après avoir exposé cette doctrine, Tribonien a le soin de nous faire remarquer que le vendeur est en retour chargé, jusqu'à la tradition, de veiller à la conservation de la chose vendue, et que s'il n'a pas à souffrir des pertes ou des détériorations que cette chose éprouve, ce n'est qu'à cette condition que l'acquéreur n'aura ni dol ni faute à lui reprocher.

L'exactitude et la vigilance qu'il doit apporter à cette conservation sont celles qu'un bon père de famille apporte habituellement à la conservation de sa propriété. — Cette règle posée par Gaius et confirmée ici par Justinien (§ 3, *ibid.*), nous paraît préférable à celle du jurisconsulte Paul qui déclare (loi 3, ff. *de periculo et commodo rei vend.*), que la responsabilité du vendeur par rapport à ses fautes est aussi large que celle du commodataire; *custodiam autem venditor talem præstare debet quam hi quibus res commodata est.* Entre l'acheteur et le commodataire ne remarque-t-on pas en effet une différence essentielle puisque le premier ne profite pas seul du contrat de vente, tandis que le commodataire profite exclusivement (nous l'avons dit), du commodat?

Des conventions particulières peuvent, dans l'espèce, comme dans tous les contrats indistinctement, modifier sur ce point les obligations du vendeur, c'est-à-dire augmenter ou diminuer sa responsabilité en cas de perte ou de détérioration de l'objet vendu, dans l'intervalle qui sépare la perfection du contrat de la tradition de cet objet. — Dans tous les cas il est généralement tenu de céder à son acheteur les actions qu'il peut avoir et dont l'exercice est de nature à procurer quelque utilité à ce dernier (*ibid.*).

Le § 4 (*ibid.*) nous apprend encore que la vente peut être pure et simple comme elle peut avoir lieu sous condition, *emptio tam sub conditione quam pure contrahi potest.* Ces conditions sont tantôt suspensives, tantôt résolutoires. — Enfin le contrat de vente est susceptible d'être modifié par un grand nombre de pactes dont nous donnerons un aperçu dans nos explications orales, et notamment par la *in diem addictio*, la *lex commissoria*, le *pactum de retro vendendo.*

§ II.

Du Louage (locatio conductio).

Le contrat de vente, il est facile de s'en apercevoir, est complexe; il se forme par la double action de celui qui vend et de celui qui achète (*emptio venditio*). Il en est de même du contrat de louage (*locatio conductio*), qui se forme aussi par une double action, celle de la partie qui donne à titre de louage, *locatio*, et celle de la partie qui prend au même titre, *conductio*.

Dans la vente, nous l'avons vu, le vendeur ne s'oblige pas précisément à transférer à l'acheteur la propriété de la chose vendue, en ce sens que s'il n'est pas propriétaire, la seule obligation qu'il contracte c'est d'en faire jouir paisiblement l'acheteur *habere ei licere*, ou tout au moins, en cas de trouble ou d'éviction, de l'indemniser, *præstare id quod interest*. — Mais s'il est propriétaire il sera tenu par l'*actio empti* de se dessaisir de la propriété en faveur de l'acheteur.

Dans le louage, il n'est jamais question de déplacer la propriété; j'en atteste ces paroles d'Ulpien: *non solet locatio dominium mutare* (loi 39, ff. *locat. conduct.*). — Tantôt en effet, c'est le propriétaire d'une chose mobilière ou immobilière, d'un fonds de terre comme d'un bâtiment * qui confère à un autre, moyennant une rétribution en argent, l'usage de cette chose; tantôt c'est une personne qui en charge une autre d'exécuter un travail, une entreprise, une opération quelconque (pourvu qu'elle soit licite) toujours moyennant une somme d'argent.

Ici c'est un ouvrier-maître qui reçoit des apprentis pour les former dans la profession qu'il exerce (loi 13, § 4, ff. *locat.*). Là c'est un nautonnier qui se charge d'un transport de marchandises (§ 1 *ibid.*). — Ulpien raisonne dans l'espèce d'une commission donnée à un artiste de polir ou bien d'enchâsser une perle, *gemma includenda aut insculpenda* (loi 13, § 5, ff. *ibid.*). Labeon suppose qu'une convention a pour objet un canal à creuser, *rivum faciendum* (loi 62, ff. *ibid.*). Dans toutes ces hypothèses il y a *locatio conductio*. — Lorsqu'il s'agit de l'usage ou de la jouissance des choses mobilières ou immobilières, on donne le nom de *locator* à celui qui confie

* Le conductor d'un fonds de terre prend le nom de *colonus*, le conductor d'un bâtiment celui d'*inquilinus*.

à l'autre le droit d'user ou de jouir , et de *conductor* à celui qui reçoit la chose pour exercer cet usage ou cette jouissance. Lorsqu'il s'agit au contraire de travaux à faire, d'entreprises à réaliser, si assez généralement on désigne sous la dénomination de *locator*, celui qui fournit son industrie pour une rétribution, et de *conductor* celui qui donne l'ouvrage à faire et paye cette rétribution ; souvent néanmoins les deux contractants peuvent être considérés tour à tour comme *locator* et *conductor*, l'un vis-à-vis de l'autre. En effet, celui qui charge un autre d'un travail moyennant un salaire est tout à la fois *locator* de ce travail (OPERIS) dont il confie l'entreprise, et *conductor* des soins ou de l'industrie que doit fournir l'entrepreneur, et réciproquement l'entrepreneur ; l'industriel devient *conductor* de l'entreprise et *locator* de son industrie.

Il faut donc distinguer deux espèces de louage ; le louage ayant pour objet l'usage ou la jouissance d'une chose mobilière ou immoblière et le louage d'un ouvrage ou d'industrie, (*operæ , operis locatio*) pour nous servir des expressions de Paul (loi **18**, ff. *ibid.*).

N'est-il pas permis de penser que le louage d'ouvrage est plus ancien que le louage des choses ? Pour celui-ci, ne peut-on pas conjecturer encore que l'on commença par les locations d'objets mobiliers dont l'usage est presque toujours indispensable ? que bientôt après on passa au louage des terres, locations qui durent être primitivement *emphythéotiques* et qu'enfin on en vint aux louages des maisons ?

Les locations de maisons, dit Vico * ne pouvaient avoir lieu lorsque les cités étaient petites et les habitations étroites **.

Du contrat de louage comme du contrat de vente dérivaient deux actions, l'une attribuée au locator, *actio locati*, principalement pour contraindre le *conductor* au paiement de la rétribution convenue, à la restitution de la chose après le terme fixé, au paiement des indemnités qui pourraient être dues pour cause de perte ou de dégradation, dont ce *conductor* serait responsable ; et l'autre, attibuée au conductor *actio conducti*, dont Ulpien a

* Philosophie du Droit, *traduction de M. Michelet*, *tom.* 2, *page* 116.

** M. Hugo fait remarquer qu'à Rome les locations d'immeubles eurent pour objet particulièrement ceux qui appartenaient à la république. *Histoire du Droit Romain*, *tom.* 2, *pag.* 451.

caractérisé si nettement l'objet lorsqu'il a dit : *ex conducto actio conductori — competit ex his causis fere : ut puta si re quam conduxit frui ei non liceat, forte quia possessio ei aut totius agri aut partis non præstatur, aut villa non reficitur, aut stabulum, vel si quid in lege conductionis convenit si id non præstat, ex conducto agetur.* (Loi 15, *locat. conduct.*)

Ce contrat offre de nombreux points de contact avec l'achat et la vente..... *similibus regulis consistit*, disait Gaius (Inst., comm. 3, ꝗ 142); *proxima est (locatio-conductio), emptioni et venditioni*, dit Tribonien (Inst., tit. 25, *de locat. et conduc. ad præmium*). — En effet, dans le louage comme dans la vente, il est nécessaire qu'il y ait un prix, qui est désigné en cette matière sous le nom de MERCES et que ce prix soit sérieux (loi 46, *ibid.*) : — il doit consister aussi en argent monnoyé (sauf cependant lorsqu'il s'agit du louage d'une chose productive de fruits à l'égard de laquelle on peut stipuler, d'après une constitution des empereurs Dioclétien et Maximien que le prix. *merces*, sera une quantité de ces fruits, loi 21, Cod. *de locat. conduct.*). Ainsi, pour reproduire l'exemple consigné dans le ꝗ 3 des Inst., *ibidem*, si deux voisins ayant chacun un bœuf convenaient de les accoupler pour s'en servir alternativement, *si placuerit inter eos ut per denos dies invicem boves commodarent ut opus facerent*, leur accord ne constituerait pas un commodat, car l'usage que ferait l'un de l'animal appartenant à l'autre ne serait pas gratuit ; elle ne constituerait pas non plus un louage, puisque le prix ne serait pas payé en argent, mais seulement compensé par un usage de même nature. Dès-lors les contractants n'auraient qu'une action, l'*actio ex præscriptis verbis* à laquelle on recourait, ainsi que nous l'apprennent les jurisconsultes Celsus et Julien (lois 2 et 5 ff. *de præscriptis verb.*), toutes les fois que l'on n'avait pas une action spéciale nominativement formulée et qu'il s'agissait d'une convention qui n'avait reçu aucune dénomination individuelle.

Enfin, le prix du louage pouvait, comme le prix de la vente, être laissé par les contractants à l'arbitrage d'un tiers (ꝗ 2, *ibid.*) ; mais il fallait qu'au moment même du contrat on se fût confié à cet arbitrage, car Tribonien nous apprend que si je charge un ouvrier de certaines réparations à faire à mes vêtements moyennant un salaire, qui sera plus tard déterminé entre nous, cet accord ne caractérise pas un contrat de louage. Il n'y aura pas également un mandat, puisque l'ouvrier ne doit me fournir ses soins

9

et son travail que moyennant un salaire. Ce sera donc un contrat innommé, qui d'après les théories que nous venons de poser, donnera encore lieu à l'*actio ex præscriptis verbis*. — Telle est la solution que donne Justinien (§ 3, *ibid.*) à une question encore controversée du temps de Gaius (Inst. *ibid.*, comm. 3, § 145).

L'affinité ou l'analogie, *familiaritas*, dit Tribonien *ibid.*, § 3, d'après Gaius, *ibid.*, § 145, qui unissaient le contrat de vente au louage étaient si intimes, que l'on ne savait trop les distinguer l'un de l'autre dans un grand nombre de conventions et notamment dans les deux espèces suivantes :

1° Le propriétaire d'un héritage en conférait à un autre la jouissance perpétuelle moyennant une redevance annuelle, (*pensio sive reditus*) en s'interdisant de lui retirer, ainsi qu'à ses héritiers ou à ses ayant cause le droit concédé, tant que le preneur ou ses représentants seraient exacts à payer la redevance. — Jusqu'au règne de l'empereur Zénon les avis étaient partagés sur la nature d'une convention de ce genre d'un usage très-fréquent à l'égard des immeubles appartenant à des municipalités (Inst., comm. 3, § 145). Les uns estimaient qu'elle constituait une vente, les autres un louage. — Il paraît cependant que du temps de Gaius la majorité des opinions se prononçait déjà pour le louage. Par une de ses Constitutions mentionnées, et confirmées dans le § 3 des Inst. (*ibid.*), l'empereur, dont nous venons de parler, individualisa cette espèce de convention en déclarant qu'elle constituerait sous le nom d'EMPHYTÉOSE (*Emphyteusis*)* un contrat distinct du louage et de la vente, *proprium genus contractus*. Régi désormais par des principes particuliers, ce contrat produisait des effets plus ou moins étendus selon les accords des parties ; à défaut de conventions, la destruction totale de la chose donnée à titre d'emphytéose retombait sur le bailleur, et le preneur devait supporter de son côté les pertes partielles, et la chance de tous les accidents nuisibles qui détérioraient cette chose sans absorber entièrement sa substance. (§ 3, *ibid.*—Loi 3, cod. *de jur. emphyt.*).

2° Des difficultés semblables, sous quelques rapports, s'élevaient encore dans l'hypothèse prévue par Gaius (*ibid.* 147 et reproduite par Tribonien, § 4, *ibidem*), au sujet de la convention suivante : je suis demeuré d'accord avec un orfèvre que celui-ci me façonnerait avec

* Du mot grec ἐμφυτεύω, ensemencer, cultiver, améliorer.

ses lingots des anneaux d'un poids et d'une forme donnés, moyennant une rétribution qui a été fixée. Le jurisconsulte Cassius voyait dans cet accord une vente à l'égard de la matière première et un louage à l'égard de l'industrie que l'artiste devait fournir ; mais cette distinction n'avait pas prévalu, car Gaius nous atteste que le plus grand nombre des Prudents ne voyaient dans cette convention qu'un seul contrat, *unum negotium*, un contrat de vente (*ibid.*, ₴ 147). Que si je m'étais obligé à fournir à l'orfèvre l'or avec lequel celui-ci confectionnerait, moyennant un salaire, les anneaux que je lui ai demandés, il n'y aurait évidemment plus dans ce cas qu'un louage puisque l'industriel ne fournirait que sa main d'œuvre. — Tribonien donne son assentiment à ces diverses précisions. — Il marche, comme on le voit, presque constamment sur les traces de Gaius, sans rappeler toutefois les exemples de quelques controverses analogues, auxquelles donnaient lieu ces traités odieux par lesquels un individu s'obligeait souvent à livrer un nombre donné de gladiateurs, ou aux Édiles chargés d'organiser ces jeux sanglants pour repaître la curiosité d'un peuple dégradé, ou « à des factieux qui les lâchaient comme des dogues furieux sur la » place publique contre leurs ennemis et leurs concurrents » (*ibid.*, ₴ 146) * ». — Le Christianisme contribua puissamment, on le sait, à proscrire pour toujours ces usages barbares. D'un autre côté le despotisme impérial épuisa tous les partis, toutes les passions politiques, et on comprend dès-lors que les rédacteurs des Institutes de Jstinien aient laissé à l'écart ces vestiges d'une jurisprudence qui, pour les sujets des empereurs de Constantinople, n'offraient plus qu'un intérêt purement historique.

La plus grande partie des observations générales qui vont suivre, démontre de plus en plus l'homogénéité des principes qui lient la vente au louage ; nous la retrouvons à chaque pas ; elle domine toute notre matière. Tribonien, on l'a vu, encore entraîné par l'exemple de Gaius, en a fait, avec intention, comme le frontispice de notre titre.

1° Le contrat de louage comme le contrat de vente peut être pur et simple ou subordonné à une condition (loi 20, ff. *locat. conduct...*). Il est parfait dès que les parties sont d'accord sur la chose et sur le prix. (*Inst. ad præmium*, *ibid.*).

* *Vid.* M. Michelet, *Histoire de la République Romaine*, *tome* 2, *page* 212 245.

2° De cette perfection dérive la double action dont nous avons parlé. L'*actio locati*, attribuée au locateur ou bailleur, l'*actio conducti* attribuée au conducteur ou preneur.

Ces actions se modifient en outre en raison des conventions spéciales qui doivent toujours être exécutées (Inst., § 5 *ibid.*), et le juge est toujours autorisé à suppléer, *ex æquo bono*, aux opinions échappées aux contractants (*si quid in lege* [contractus] *prætermissum fuerit*).

3° Si la chose vient à périr ou à se détoriorer, le *conductor* qui l'a en son pouvoir n'est tenu de cette perte ou de cette dégradation que lorsqu'il n'a pas apporté à sa conservation le zèle que tout bon père de famille apporte à la conservation de son patrimoine. Ulpien lui traçait toute l'étendue de ses devoirs lorsqu'il disait : *Item prospicere debet conductor, ne aliquot vel jus rei, vel corpus deterius faciat, vel fieri patiatur* (loi 11, § 2, ff. *locat. conduct.*). Dans le louage d'ouvrage l'artiste est d'ailleurs toujours responsable des résultats de son impéritie, ainsi que nous l'enseigne le même jurisconsulte (loi 13, § 5 *ibid.*). Par suite tous les cas purement fortuits retombent sur la tête du locator qui reste propriétaire de la chose louée. — Cependant, s'il fallait prendre à la lettre le texte de notre § 5e, au sujet de la responsabilité du conductor, il en résulterait qu'il serait astreint à donner à la garde de la chose tous les soins que pourrait avoir l'homme le plus attentif, *diligentissimus paterfamilias.* Mais le contrat de louage procurant des avantages réciproques au locator et au conductor, il nous a paru plus convenable de modifier avec Cujas et Vinnius le sens de ce texte, et de n'assujettir le *conductor* qu'à une surveillance égale à celle que l'on retrouve chez tout bon père de famille.

4° En traitant de l'usufruit, nous avons reconnu que le droit était tellement inhérent à la personne de l'usufruitier, qu'il s'éteignait de plein droit par sa mort. (*Inst. de rerum divis.*, § 36 ; *de usufructu*, § 3). — Il n'en est pas de même en matière de louage ; par application de la règle du droit commun, formulée par le jurisconsulte Celsus (loi 9, ff. *de prob.*), *plerumque tam hæredibus nostris quam nobismetipsis cavemus*, si le preneur décède avant l'expiration du louage, ses héritiers prendront sa place et seront admis à exercer ses droits comme ils supporteront les charges qui lui étaient imposées.

§ III.

Du Contrat de société (societas).

Dans l'enfance de Rome comme dans l'enfance de tous les peuples, le contrat de société devait être inconnu par un effet de l'isolement naturel des premiers hommes, chaque père de famille s'occupant uniquement de ses affaires *.

Chez les Romains, nous l'avons fait remarquer, ce contrat ne prit naissance que dans le cours de la 2e période de l'histoire du droit. — Peu favorisé par les lois dès son origine, il devint bientôt plus fréquent surtout entre Publicains **. — Les progrès de la civilisation, l'essor que prit le mouvement social, ne tardèrent pas à lui donner de grands développements ; et bien que l'industrie et le commerce n'aient pas été l'objet d'une culture privilégiée, de la part d'un peuple chez qui le génie agricole et le génie guerrier absorbaient toutes les autres passions, les jurisconsultes de la troisième période s'occupèrent cependant de déterminer avec soin les caractères de ce contrat, si utile à l'homme qui retire le plus souvent de l'association d'inappréciables avantages et puise dans son principe de grandes ressources et de puissants moyens d'action.

De la réunion des fragments de ces jurisconsultes surgit, sous la main des compilateurs de Justinien, le titre du Digeste dans lequel cette matière est traitée avec une précision remarquable ; c'est le titre 2 du livre XVII *Pro socio*. — En composant ces Institutes, Tribonien crut aussi devoir consacrer à ce contrat un titre spécial, le titre XXV *de societate*. — L'économie des textes qui s'y trouvent classés appellera successivement notre attention sur les points suivants : 1o distinguer les diverses espèces de sociétés en usage chez les Romains ; 2o déterminer la force légale de certaines conventions par lesquelles les associés peuvent régler entr'eux le partage des profits et des pertes, et à défaut de conventions, poser les bases de ce partage ; 3o déterminer enfin la durée de la société, les différentes causes qui peuvent entraîner sa dissolution, le degré de responsabilité des associés les uns vis-à-vis des autres par rapport aux fautes qu'ils peuvent commettre. Cette méthode est à peu près celle que Gaius avait

* Vico, *Philosophie de l'Histoire*, tom. 2, pag. 147.

** M. Hugo, *Histoire du Droit Romain*, tome 2, pag. 451.

lui-même suivie dans ses Institutes, comment. 3, § 148 et suivants.

I. Avant de considérer combien d'espèces de sociétés distinguaient les jurisconsultes Romains, il importe de préciser convenablement les caractères de ce contrat, qui, comme on le sait, est parfait par le seul consentement des parties (Inst., tit. 23, *de obligat. quæ ex consensu*), et qui peut d'ailleurs, comme nous l'enseigne Paul, *coïri vel in perpetuum, id est dum vivunt, vel ad tempus, vel ex tempore, vel sub conditione* (loi 1re, ff. *pro socio*). — Il ne faut pas confondre la société avec l'état de communauté ou d'indivision ; Ulpien a le soin de distinguer ces deux choses (loi 31, ff. *ibid.*). — Lorsqu'une même hérédité est recueillie par plusieurs personnes, lorsqu'une chose est achetée par elles en commun, il y a indivision et communauté entr'elles, mais il n'y a pas *société* ; pour que ce contrat existe, il faut que des idées d'association, *affectio societatis*, pour nous servir des expressions du même jurisconsulte (*ibidem*), aient amené cet état de communauté, *societatem intercedere opportet*. Il faut que par le concours de leurs volontés elles aient mis quelque chose en commun dans l'intention de partager les profits qui en seront le fruit, *nec sufficit rem esse communem nisi societas intercedit* (*ibid.*).

Maintenant, nous pouvons dire avec le même jurisconsulte que les Romains distinguèrent plusieurs espèces de sociétés : la société *universorum bonorum*, qui embrassait l'universalité des biens présents et à venir des associés ; la société *universorum quæ ex quæstu veniunt*, qui embrassait tous les profits, tous les bénéfices que les associés pouvaient faire, à l'aide de leur industrie (car Paul précisant le sens de cette locution technique, *quæstus*, a dit *quæstus intelligitur quod ex opera cujusque descendit*) ; la société qui n'a pour objet qu'une seule espèce d'opérations, *alicujus negotii*, par exemple, l'achat et la vente des esclaves ; la société que l'on appelait *vectigalis*, et enfin la société relative à un seul objet non complexe, *alicujus rei* (lois 5, 7 et 8, ff. *ibid.*, Gaius, comm. 3, § 148. — *Justin.*, *Inst. de societate ad præmium.*).

Avons-nous besoin de faire remarquer que toutes les sociétés doivent avoir pour objet des faits ou des opérations licites ? Ulpien ne flétrissait-il pas énergiquement toute espèce d'association illicite en disant : *delictorum turpis atque fœda communio est* (loi 53 *ibidem*) ?

La société se forme ou par l'apport de mises d'argent, ou de matières premières destinées à être façonnées, ou de choses productives, ou d'une industrie seulement. — Il n'est pas nécessaire que les apports soient d'une nature homogène. L'un peut n'apporter que son industrie, tandis que l'autre fera une mise d'argent ou de tout autre objet : l'industrie est en effet souvent l'équivalent d'un apport matériel, *sæpe enim opera alicujus pro pecunia valet*, disait Gaius, et quelquefois même elle est supérieure, ainsi que nous le verrons bientôt. Lorsque les apports sont homogènes, il n'est pas même nécessaire qu'ils soient d'une valeur égale.

II. Toute association a pour but final la réalisation d'un lucre, d'un profit de la part de ceux qui s'associent. Il arrive cependant plus d'une fois que loin d'atteindre leur but les associés éprouvent des pertes. Comment partager entr'eux selon les événements ces profits et ces pertes ?

La première règle que pose à cet égard Tribonien, c'est qu'il faut respecter les conventions faites par les sociétaires, *quod si expressæ fuerint partes, hæ servari debent*. (Inst., *ibid.*, § 1er). Les sociétaires sont donc libres de fixer des parts inégales dans les profits et dans les pertes, et on n'avait jamais douté, par exemple, qu'il ne leur fût permis de stipuler que l'un aurait deux parts des profits et des pertes, l'autre un tiers seulement. (§ 1er, *ibidem*). — Le § 3 ajoute que les parts stipulées pour les profits seulement seront sous-entendues être les mêmes pour les pertes, et réciproquement.

Si ces théories ne furent jamais contestées, il n'en était pas de même du point de savoir si les associés pouvaient stipuler une inégalité relative entre la part des bénéfices et la part des pertes, par exemple s'il était permis de convenir que Titius prendrait deux parts des bénéfices, et ne supporterait qu'une seule part des pertes, tandis que Séjus au contraire supporterait deux parts des pertes et ne prendrait qu'une seule part dans les bénéfices. Selon Quintus-Mucius une semblable convention répugnait à la nature du contrat de société ; mais l'opinion contraire de Servius-Sulpicius avait prévalu. Ce dernier jurisconsulte allait même beaucoup plus loin puisqu'il professait (ce qui fut encore admis) que la clause qui attribuerait à un des sociétaires une part dans les profits et l'affranchirait de toute participation aux pertes serait valable, pourvu toutefois que son travail ou son industrie eussent assez de prix pour légitimer une telle disproportion, *si tanti sit opera quanti damnum est*, et selon Ulpien ou plutôt selon Gaius (149) *si modo opera ejus tam pretiosa videatur ut æquum sit, eum cum hac par-*

tione in societate admitti... Pour expliquer cette solution Ulpien nous propose les exemples suivants ; *socius si solus naviget, si solus peregrinetur, pericula subeat solus* (loi 29 *ibid.*, § 1, ff.).

En rapportant à son tour ces théories de Servius-Sulpicius, Tribonien a le soin de nous faire remarquer que le sociétaire ne pourra utiliser la convention dont nous parlons que sur les profits qui resteraient, déduction préalablement faite des pertes éprouvées. Paul a formulé, en effet cette règle générale : *neque enim lucrum intelligitur nisi omni damno deducto*, et réciproquement, *neque damnum nisi omni lucro deducto*. (Loi 30, ff. *ibid.*).

Les sociétaires, il est facile de le reconnaître, jouissaient d'une grande latitude. Une seule convention leur était interdite, c'était de stipuler que l'un prendrait tous les bénéfices, tandis que l'autre supporterait toutes les pertes, *ut alter lucrum tantum, alter damnum sentiret*. Ce pacte était proscrit comme contraire à la nature du contrat de société qui exige que tous les associés aient une part dans les bénéfices ; Ulpien appelait une société de cette nature *iniquissimum genus societatis*. — On la distinguait vulgairement, d'après Cassius, sous le nom de société LÉONINE, *societas Leonina* (loi 29, ff. *ibid.*).

La participation de tous les sociétaires aux bénéfices, quelque modique que soit leur part, est donc de l'essence du contrat de société, tandis qu'il n'est pas nécessaire que tous, nous l'avons déjà dit, participent aux pertes.

Tel était le droit qui régissait les conventions des associés.

A défaut de ces conventions les parts des associés dans les bénéfices et dans les pertes étaient égales ; Tribonien (Inst., § 1er, *ibid.*), empruntant à peu de chose près le langage de Gaius (*ibid.*, § 150), a dit : *et quidem si nihil de partibus lucri et damni nominatim convenerit, ÆQUALES scilicet partes et in lucro et in damno spectantur.*

Tous les jurisconsultes Romains sont unanimes à ce sujet. — Mais lorsqu'il faut préciser le genre d'égalité dont parlent leurs fragments, c'est-à-dire, lorsqu'on se demande s'ils consacrent le principe d'une égalité *proportionnelle* aux mises ou aux apports de chaque membre de la société, ou d'une égalité *absolue* indépendante de la valeur de ces mises, la controverse commence parmi les interprètes. — Dans le conflit d'opinions qui s'est élevé à cet égard, nous donnerons, dans nos explications orales la préférence à celle qui se fondant sur un texte de Proculus (loi 80, ff. *pro socio*), et sur la nature même du contrat de société, admet le principe de l'égalité proportionnelle.

III. Si le consentement réciproque de tous ceux qui veulent s'associer est nécessaire pour la perfection du contrat de société, la persévérance de ce consentement unanime est une condition indispensable de la durée de ce contrat. — C'est ce qui faisait dire à Gaius (*ibid.*, ‡ 151, *Inst. ibid.*, ‡ 4), *manet societas eousque donec in eodem sensu perseveraverint*.

Le dissentiment ou plutôt la volonté de l'un des sociétaires de rompre la société, cette volonté nouvelle que les textes désignent sous le nom de *renunciatio* suffit pour opérer (dès qu'elle a été notifiée), la dissolution du contrat à l'égard de tous les associés, par exception aux principes du droit commun, qui n'admettent la dissolution des contrats que par l'effet du consentement respectif de tous ceux qui les ont formés : *cum* ALIQUIS *renunciaverit societati, solvitur societas* (*ibid.*).

Autour de cette proposition principale viennent se grouper plusieurs observations qui en modifient sensiblement la portée. Paul nous apprend d'abord, que lorsque les associés ont déterminé d'avance la durée de la société, la renonciation faite par l'un des associés avant l'expiration du terme convenu, est toujours considérée comme *intempestive*. On ne pouvait sans doute retenir un associé malgré lui dans les liens de la société sans ouvrir une source de contestations incessantes et de pénibles déchirements ; mais s'il est permis à l'associé de renoncer à l'association au mépris de ses engagements, sa renonciation n'aura d'autre résultat que de dégager ses associés vis-à-vis de lui, sans le dégager vis-à-vis de ses associés : *qui societatem in tempus coït, eam ante tempus renunciando, socium à se, non se à socio liberat.*, disait le jurisconsulte Paul (L. 65, ‡ 6, ff. *pro socio*).

Que si la durée de la société n'a pas été fixée, les associés sont toujours libres de rompre le contrat, *renunciare*. — La renonciation est dans ce cas toujours opportune lorsqu'elle n'est pas faite dans le but de frauder la société. Tribonien nous donne (‡ 4, *ibid.* d'après Gaius, ‡ 151, *ibidem*), l'exemple suivant d'une renonciation frauduleuse. J'ai contracté avec vous une société *universorum bonorum*, dans laquelle doivent entrer toutes les hérédités qui pourront échoir à l'un et à l'autre ; une hérédité lucrative s'est ouverte en ma faveur et je me suis aussitôt empressé, avant de faire acte d'adition, de renoncer à la société pour profiter seul par ce moyen des émoluments de cette adition, *ut hæreditatem solus lucrifaciam... callide... renunciavi* (‡ 4, *ibidem*). Nonobstant ma renonciation, je n'en serai pas moins tenu de vous faire part des avantages que me procurera ma qualité d héritier, tandis que si l'hérédité était onéreuse, seul j'en supporterais les charges. Cette conséquence se déduit du principe déjà posé qu'une renonciation intempestive ou frauduleuse, *dolo malo renunciatio facta*, ne dégage pas le renonçant à l'égard de ses associés, alors qu'elle dégage ceux-ci vis-à-vis de lui. Gaius fait cependant à ce sujet cette précision importante que l'associé ne sera tenu de mettre en communauté que les bénéfices en considération desquels il a renoncé et qu'il a voulu s'approprier exclusivement par sa renonciation frauduleuse; tous les autres bénéfices lui seront dévolus exclusivement, *si quid aliud lucrifecerit quod non* CAPTAVERIT, *ad ipsum solum pertinet* (*ibid.*, § 151). Quant aux bénéfices réalisés par ses associés postérieurement à cette renonciation, ils seraient aussi sans difficulté leur propriété exclusive; le renonçant ne pourrait, d'après ce que nous avons dit, y prétendre aucune part (*Ibid.*, § 151).

La société se dissout encore par la mort, par la plus grande ou la moyenne diminution de tête d'*un seul* des associés, par la confiscation de tous ses biens,... *publicatione universorum bonorum*; enfin par la cession de biens que l'un des associés succombant sous le poids de ses dettes est obligé de consentir à ses créanciers (Gaius 152, 153, 154, *ibid.* — Justin., Inst., § 5, 7 et 8, *ibidem*). — Dans ces divers cas, le contrat est rompu, non seulement à l'égard de celui auquel la cause de la dissolution est personnelle, mais encore entre tous les autres associés étrangers à cette cause, (à moins qu'il n'y ait une convention contraire); le lien formé par l'association est brisé dans toutes ses parties, *solvitur societas*. La société ne continue pas avec les héritiers de l'associé qui est mort ou qui a subi la plus grande ou moyenne diminution de tête, parce que le choix des associés dépend d'une confiance qui est toute personnelle, *qui societatem contrahit certam personam sibi eligit*, disait Gaius (*ibid.*, § 152). Elle ne continue pas non plus entre les associés survivants ou étrangers à la cause de la dissolution, parce que celui qui consent à s'associer à plusieurs personnes, forme avec elles une communauté d'intérêts qu'il n'aurait peut-être pas formée avec chacune d'elles séparément, ni même avec quelqu'une d'elles seulement.

L'héritier de mon associé ne devient donc pas mon associé *nec hæres socii succedit* (loi 65, ff. § 9, *pro socio*), pas plus que l'associé de mon associé n'est mon associé, *socii mei socius, socius meus non est.* (Ulp., l. 20, ff.

ibid.), — Les héritiers de l'associé n'auront qu'un droit, celui de se régler avec les associés de leurs auteurs, relativement à toutes les opérations consommées... *quod ex actu gesto pendet.* Il importe toutefois de noter ici avec le jurisconsulte Gaius (dont la pensée n'a pas été obscurcie par les lacunes de cette partie de ses Institutes) que l'associé, privé de ses droits de citoyen par la plus grande ou la moyenne diminution de tête, et celui dont tous les biens ont été vendus en justice, ont la faculté de contracter une société nouvelle, par cette raison que le contrat de société est du droit des gens (Inst., *ibid.* ₰ 153 et 154).

Il est presque inutile de faire remarquer que la société est encore dissoute par l'expiration du délai fixé et par la réalisation ou la conclusion des opérations ou de entreprises pour lesquelles elle avait été spécialement formée..... *si alicujus rei contracta societas sit, et finis negotio impositus est, finitur societas.* (Inst., ₰ 6, *ibid.*).

Du contrat de société dérive en faveur de chacun des associés une action réciproque, connue sous le nom d'*actio pro socio.* — L'ensemble des textes prouve qu'elle a pour objet la tradition des choses promises par chacun des associés; la restitution du principal, des intérêts et des fruits des objets dont un des associés a profité personnellement, alors qu'il était tenu de les mettre en commun; la réparation du préjudice qu'il a causé à la société par son fait ou par sa négligence, enfin la reddition des comptes et la dissolution de la société (lois 52, ₰ 8; 65, ₰ 5; 65, *ad præmium*, 72 et 73 ff. *pro socio*).

Tribonien ne parle de l'*actio pro socio* que par rapport à la responsabilité des associés les uns vis-à-vis des autres. De quelle faute sont-ils tenus dans la gestion des opérations sociales? exigera-t-on d'eux la même surveillance, le même zèle que l'on doit attendre de tout bon père de famille? ou bien se contentera-t-on de la part de l'associé, pour les intérêts de la société, du soin qu'il apporte à ses intérêts personnels? Les Institutes décident la question dans ce dernier sens. Cette solution repose sur la considération suivante: *qui parem diligentem socium sibi adsumit de se queri sibique hoc imputare debet.* (Inst., ₰ 9, *ibid.*). Heinneccius qui trouve cette raison insuffisante, estime qu'il est plus convenable d'appuyer cette théorie sur ce que l'associé doit se reprocher de n'avoir pas rompu la société avec une personne dont il a connu la négligence, *sibi imputare debet socius quod ex negligentis hominis societate non excesserit.*

Le contrat de société établit entre tous les associés un lien si intime qu'ils sont considérés comme des frères. Tout le monde connait ce beau texte d'Ulpien (loi 63, *ad præm.* ff. *pro socio*) : *societas jus quodammodo fraternitatis in se habet.* Cette fiction, qui exerce sur les rapports des associés entr'eux une grande influence, justifie un privilège tout particulier connu sous le nom de *beneficium competentiæ* dont ils jouissent les uns vis-à-vis des autres et que nous examinerons plus tard en traitant des actions (Inst., liv. 4, tit. 6, *de action.*, § 38).

§ IV.

Du Mandat (Mandatum).

Nous avons qualifié, avec les textes, du nom de louage, la convention par laquelle un individu stipule d'un autre que celui-ci fera quelque chose moyennant une rétribution déterminée, *pro mercede*. *Le mandat* au contraire, n'est qu'une mission gratuite donnée par l'un et acceptée par l'autre. La *gratuité* est de l'essence du mandat, *sciendum est mandatum nisi gratuitum sit in aliam formam negotii cedere.* (Gaius, comm. 3, § 162. — Just., Inst., *de mandato*, § 13). Paul expliquait cette précision en disant: *Mandatum originem ex officio atque amicitiâ trahit... contrarium ergo est officio merces...* (Loi 1re, ff. *mandat. vel. cont.*).

La gratuité du mandat n'exclut pas toutefois la promesse de certaines rémunérations que les textes désignent sous le nom d'honoraires.... rémunérations qu'il est impossible de confondre avec des salaires ou des rétributions qui sont le prix de soins, de travaux matériels toujours appréciables.

Le mandat, *mandatum*, (mot dont quelques personnes ont cru trouver l'étymologie dans cette circontance que le mandat se donnait primitivement le poing serré, *manu data*, en signe de confiance) a été long-temps inconnu au Romains.

L'extension qu'il reçut plus tard engagea les jurisconsultes du beau siècle de la jurisprudence à s'occuper des théories de ce contrat, le quatrième de ceux qui se formaient par le seul consentement des parties contractantes.

Gaius a traité du mandat dans les § 155 et suivants de ses Institutes; Tribonien dans le titre 27 du 3e livre. Les textes de Tribonien sont plus nombreux que ceux qu'il avait cru devoir consacrer aux trois autres contrats consensuels: mais ils n'en sont pas moins un résumé très-incomplet des principes tracés dans le titre 1er du livre 17e du ff. *mandati vel contra*.

Le mandat, qui peut être pur et simple, conditionnel ou à terme, ne peut être donné que pour la réalisation d'un fait licite, car si l'exécution de la mission du mandataire était contraire aux bonnes mœurs, le mandat ne serait pas obligatoire (*ibidem*, § 7).

Celui auquel le mandat est donné est sans doute libre de le refuser, mais dès qu'il l'a accepté, il ne peut plus se dégager, il est tenu de le remplir; *mandatum non suscipere cuilibet liberum est; susceptum autem consummandum est*; du moins s'il ne peut l'exécuter, il est tenu de renoncer en temps opportun, ainsi que nous l'expliquerons bientôt, *aut quam primum renunciandum* (*ibid.*, § 11).

Du contrat de mandat naissent deux actions :

1° L'action *directe* du mandat (*actio directa*), attribuée au mandant, principalement pour faire transporter sur sa tête la propriété des choses acquises par le mandataire ou obtenir de lui la cession de ses actions, pour le contraindre à exécuter la mission qu'il a acceptée, enfin, pour exiger une indemnité proportionnée au préjudice qu'a causé l'inexécution ou la mauvaise exécution du mandat, ou bien la faute ou la négligence du mandataire. — Sans doute le mandataire est, d'après les principes purs, désintéressé dans le mandat, et néanmoins, par une sorte d'exception aux règles que nous avons posées en matière de prestations de fautes, il sera tenu indépendamment de son dol, de ses fautes et de sa négligence, s'il n'a pas fait, non-seulement ce que tout bon père de famille aurait fait à sa place, mais encore ce qu'un mandataire zélé n'aurait pas omis de faire. — L'orateur Romain, dont toutes les productions respirent un délicieux parfum de cette philosophie du droit qu'il avait profondément exploré, justifiait cette sévérité de principes à l'égard des mandataires infidèles ou négligents, lorsque dans son discours, *pro rosc. Amerino*, il disait : *In privatis rebus si rem mandatam non modo malitiosius gesserit, seu quæstus aut commodi causâ, verum etiam negligentius, is admittit summum dedecus. Quid enim recipis mandatum, si aut ad tuum commodum conversurus aut neglecturus es? cur mihi te offers, ac meis commodis officio simulato officis et obstas?* — On ne retrouve aucun texte précis à ce sujet dans les fragments des jurisconsultes; mais il est facile en retour d'invoquer dans ce sens deux constitutions impériales, émanées l'une de Dioclétien et de Maximien (loi 13, *Cod. mandat. vel cont.*); l'autre de Constantin (loi 21, *ibid.*);

2° L'action contraire (*actio contraria*), du mandat est accordée au mandataire pour obtenir du mandant la ratification de ce qui a été fait en exécution du mandat, et la restitution des valeurs qu'il a déboursées pour cette exécution.

Après ces observations générales, envisageons de plus près l'économie des textes de Gaius et de Tribonien. Le premier § de leurs Institutes s'occupe de la nomenclature des intérêts divers pour lesquels le mandat peut être donné. Avant de proposer celle de Tribonien, il convient de remarquer que le mandat, essentiellement distinct d'un ordre (*jussus*), que l'on ne peut donner qu'à ceux qui sont placés sous notre puissance, ne doit pas être confondu non plus avec un simple conseil (*consilium*) qu'un individu donnerait à un autre.

Le mandat est une mission formelle, *quasi pars quædam voluntatis* (comme le disait Vinnius), qui entraîne, comme on l'a déjà vu, des obligations multiples. — Ce serait donc vainement que je vous donnerais mandat de faire quelque chose dans votre propre intérêt, que je vous engagerais, par exemple, à ne pas laisser votre or oisif dans vos coffres, et de le placer à intérêt, *ut otiosam pecuniam fœnerares.* Il n'y aurait là rien d'obligatoire pour vous ni pour moi, quelles que fussent les suites du placement que vous auriez fait. Vous avez dû examiner si le conseil que je vous donnais pouvait être avantageux, puisque seul vous êtes intéressé au résultat qu'il était susceptible de produire. En le suivant vous êtes censé avoir cédé moins à mes avis qu'à vos propres inspirations ; *quod tu tuâ gratiâ facturus sis, id ex tuâ sententiâ, non ex meo mandato facere videberis.* (Gaius, § 156). Mais si la mission dont l'exécution n'intéresse que le mandataire exclusivement, dégénérant toujours en un simple conseil, n'entraîne ainsi aucune obligation d'une part ni de l'autre, elle constitue un véritable mandat lorsqu'elle est donnée, 1° dans l'intérêt exclusif du mandant, *mandantis tantum gratiâ ;* 2° dans l'intérêt d'un tiers, *aliena tantum gratiâ ;* 3° dans l'intérêt commun du mandant et du mandataire, *mandantis et mandatarii gratiâ ;* 4° dans l'intérêt commun du mandant et d'un tiers, *sua et alienâ ;* 5° enfin dans l'intérêt commun du mandataire et d'un tiers, *sua et alienâ.* (Inst., *ibid.*, *ad præm.*).

Reprenons cette énumération.

1° Le texte qui s'occupe du mandat donné dans l'intérêt exclusif du mandant n'est pas susceptible d'interprétation ; les exemples que l'on trouve dans le § 1er, *ibid.*, suffisent pour donner une idée exacte de cette espèce de mandat.

Il n'en est pas de même de la plupart de ceux qui régissent les autres espèces. Examinons :

2° Le mandat donné dans l'intérêt exclusif d'un tiers, *alienâ tantum gratiâ*, ne saurait être valable dès l'origine, par obligation de ce principe identique consacré dans le titre des obligations verbales, que la stipulation est inutile, toutes les fois qu'elle n'intéresse pas le stipulant d'une manière directe ou indirecte, *alteri stipulari nemo potest*. (*Inst.*, *de inut. stip.*, § 19). Cependant si le mandataire consent à exécuter ce mandat, de cette exécution naîtront entre le mandant et lui des obligations respectives que Paul a précisées dans un de ses fragments devenu la loi 6, ff. *mandati vel contra*. — Dès-lors non obligatoire, *ab initio*, ce mandat, dont Tribonien nous fournit des exemples (§ 3, *ibid.*), pourra, par des événements postérieurs, c'est-à-dire par la gestion qui aura lieu, devenir la source de plusieurs obligations. Je suis en effet responsable de la gestion du mandataire vis-à-vis de celui dont les affaires ont été gérées. Mon intérêt est donc que mon mandat ait été fidèlement exécuté ; cet intérêt engendre pour moi l'*actio mandati* ; elle naît et s'éteint toujours avec lui selon ces paroles remarquables d'Ulpien : *Mandati actio tunc competit cum cœpit interesse ejus qui mandavit, cæterum si nihil interest, cessat mandati actio ; et eatenus competit quatenus interest* (Loi 8, § 6, ff. *mandati vel contra*.).

3° A l'égard du mandat donné pour l'utilité réciproque du mandant et du mandataire, les Institutes de Justinien (*ibid*., § 2) proposent trois espèces différentes ; la seconde est seule digne de notre attention. — Vous avez accédé en qualité de fidéjusseur à un engagement souscrit par un tiers en ma faveur ; au moment où je me dispose à agir contre vous en exécution de la fidéjussion, vous me donnez mandat de discuter à vos périls et risques mon débiteur que vous avez cautionné. Ce mandat est d'abord dans votre intérêt (*mandantis*), puisque (nous l'avons vu en traitant de la fidéjussion), depuis le beau siècle de la jurisprudence jusqu'au règne de Justinien, les poursuites dirigées par le créancier contre le débiteur principal, libérant le fidéjusseur, vous échaperez par là provisoirement à toute espèce de poursuite de ma part. Réciproquement, il était dans mon intérêt, parce que, tout en discutant le débiteur principal, je conserverai l'*actio mandati* contre vous qui, par ce moyen, resterez, à un autre titre toujours garant de la dette. — Ce texte des Institutes se rapporte, comme on le voit, à un point de doctrine abrogé par Justinien dans une de ses Constitutions (l. 28, Cod. de *fidejussor.*), et à une période du Droit pendant laquelle le bénéfice de discussion, primitivement en vigueur, ensuite tombé en désuétude, n'avait pas encore été rétabli.

4° Le texte du ⸹ 4, *ibid.*, afférent au mandat donné dans l'intérêt commun du mandant et d'un tiers n'est susceptible d'aucune difficulté.

5° Enfin, relativement au mandat donné dans l'intérêt commun du mandatire et d'un tiers, Tribonien raisonne dans l'espèce d'une personne qui a mandé à une autre de prêter de l'argent à un tiers moyennant un intérêt. Pourquoi cette précision que le prêt doit être fait *sub usuris*? Le texte lui-même du ⸹ 5, *ibid.*, va nous l'apprendre : *quia si sine usuris pecuniam credidisses aliena tantum gratia intercedit mandatum.* En effet, si le prêt était purement gratuit, le mandat aurait été donné non dans l'intérêt du mandataire, mais dans l'intérêt exclusif d'un tiers. L'énumération de ces diverses modifications dans la cause finale du mandat, doit être nécessairement accompagné de l'exposé rapide de quelques règles générales, communes à toutes sortes de mandats.

Le jurisconsulte Paul consacrait de la manière suivante le principe qui renfermait toute la substance des obligations du mandataire : *diligenter fines mandati custodiendi sunt, nam qui excessit, aliud quid facere videtur.* (Loi 5, *ad præm.*, ff. *mandat. vel cont.*). Tribonien l'a consigné à son tour dans ses Institutes (⸹ 8, *ibid.*).

Le mandataire doit donc bien se pénétrer de la nature du mandat, en mesurer attentivement toutes les limites pour s'y renfermer scrupuleusement ; s'il les dépasse, s'il sort du cercle tracé autour de lui par le mandant, il fait toute autre chose que ce qui lui a été mandé, *si excessit, aliud quid facere videtur.* — Placé en dehors du mandat, en opposition avec la volonté du mandant, il reste privé contre lui de l'action *contraire*, tandis qu'il est exposé vis-à-vis de lui à l'action *directe*, par laquelle il sera tenu de payer une indemnité égale à l'intérêt que le mandant aurait recueilli de l'exécution du mandat, *quatenus interest eum impresse mandatum*, pour nous servir des expressions de Gaius (Inst. *ibid.*, ⸹ 161). Le même jurisconsulte propose à ce sujet l'espèce suivante : je vous ai mandé d'acheter pour moi un fonds de terre pour le prix de C *sesterces*, et vous l'avez acheté pour CL ; vous n'aurez pas contre moi l'*actio mandati*, bien que vous m'offriez de me livrer le fonds pour le prix que je vous avais fixé, parce que vous êtes en dehors des termes du mandat. Telle était du moins la doctrine de l'école des Sabiniens, doctrine qui rigoureuse au premier abord, était cependant au fonds en harmonie, du moins dans notre hypothèse, avec les principes exacts de cette matière. En rapportant cette solution dans ses Institutes, Gaius ne l'accompagne d'aucune observation personnelle ; mais dans un de ses fragments (loi 4, ff. *mandati*), il déclare donner la préférence à l'opinion contraire des Proculéiens, opinion, selon lui, plus indulgente (*sententia benignior*), puisqu'elle accordait dans ce cas une action au mandataire qui offrait la tradition de l'immeuble au prix déterminé par le mandat, en faisant personnellement le sacrifice de l'excédent qu'il avait imprudemment déboursé. — Justinien, on n'en sera pas surpris, approuve l'opinion des Proculéiens. (Inst. § 8, *ibid.*).

Dans l'hypothèse inverse, c'est-à-dire, si le mandataire avait acheté pour un prix inférieur à celui qui avait été déterminé par le mandant, il aurait évidemment l'*actio mandati*. Il n'a fait alors qu'améliorer la condition de ce dernier, et il est de principe que le mandataire qui ne peut aggraver le sort du mandant, peut toujours le rendre plus avantageux par le mode d'exécution qu'il donne à la mission dont il est chargé. — Ses pouvoirs ainsi compris sont toujours sous-entendus quand ils doivent amener ce dernier résultat,... *qui mandat ut sibi centum aureorum fundus emeretur, is utique mandasse intelligitur ut minoris, si possit, emeretur.* (Inst. § 8, *ibid.*).

Il ne nous reste plus qu'à examiner les différentes causes qui entraînent la cessation ou l'extinction du mandat.

Il s'éteint par des événements dépendants de la volonté du mandant ou du mandataire, ou par des événements indépendants de cette volonté.

1° Parmi les événements de la première espèce on classe la révocation du mandat de la part du mandant, et la renonciation du mandataire. — Il devait être loisible au mandant de révoquer le mandat qui ne conférant au mandataire aucun *droit*, lui impose au contraire une charge et un devoir ; et réciproquement le mandat étant *voluntatis et officii*, il devait être permis au mandataire d'y renoncer. — Mais pour que la manifestation d'une volonté nouvelle de la part de l'un ou de l'autre produise tous ses effets, il faut que les choses soient encore *entières*, et que le changement, c'est-à-dire la révocation ou la renonciation soit notifiée à celui qu'elle intéresse.

Les choses sont entières, lorsqu'il s'agit de la révocation du mandat, *res est integra*, tant que le mandataire ne s'est pas encore immiscé dans l'exécution du mandat.

— Si cette exécution a déjà commencé, l'effet de la révocation de la part du mandant notifiée par lui au mandataire, aura bien pour résultat d'arrêter cette exécution; elle produira tous ses effets pour l'avenir; mais le mandataire n'en aura pas moins pour le passé, l'*actio mandati contraria*, dont nous avons déjà précisé l'objet. — En sens inverse, le mandataire qui renonce au mandat quand les choses ne sont plus entières, soit parce qu'il a commencé sa gestion, soit parce qu'il n'est plus loisible au mandant d'exécuter par lui-même ou de faire exécuter la même mission par un autre, est soumis à l'*actio directa mandati*, par laquelle, nous l'avons dit, il est obligé de l'indemniser, *quatenus interest eum implesse mandatum.* Sa renonciation, dans ces divers cas, serait intempestive, à moins qu'il n'eût de justes motifs *intempestive renunciandi.* — Paul nous a donné une idée exacte de la gravité que doivent présenter ces motifs lorsqu'il écrivait: *aut subitam valetudinem, ob necessariam perigrinationem, ob inimicitiam, integrà adhuc mandati causà, negotio renunciari potest.* (Sent., liv. 2, tit. XV, *de mandat.*, § 1).

Nous retrouvons donc ici, comme en matière de société, des exceptions au principe qui veut que les obligations ne se dissolvent que par le consentement unanime de tous ceux qui les ont formées.

2° Le mandat finit indépendamment de la volonté ou du dissentiment du mandant ou du mandataire, par la mort de l'un ou de l'autre. La mission conférée par le mandat repose tout entière sur la confiance toute personnelle que le mandataire inspire au mandant. D'un autre côté, l'acceptation de cette mission présuppose de la part du mandataire le désir qu'il éprouve de répondre à cette confiance et de rendre de bons offices au mandant. — Formé sous de tels auspices, assis sur de semblables bases, le contrat ne pouvait évidemment survivre à l'un des deux contractants.

Il faut toutefois remarquer, à l'égard de la mort du mandant, que ses héritiers doivent s'empresser de la notifier au mandataire; car tant que celui-ci est dans l'ignorance de ce fait, les actes d'exécution auxquels il se livre sont valables. — Tous les textes sont d'accord pour accorder à l'égard de ces actes, l'*actio mandati*, au mandataire qui ne doit pas être victime d'une ignorance plausible (§ 10, *ibid.*). — Les héritiers du mandataire ne succèdent donc pas aux obligations que l'acceptation du mandat imposait à leurs auteurs, et par suite ils ne seront tenus de commencer l'exécution du mandat, ni de continuer l'exécution commencée par celui qu'ils représentent.

Dans tous les cas les actions *directes* et *contraires* du mandat, qui auraient pu être exercées personnellement par les contractants, s'ils eussent survécu, seront accordées à leurs héritiers, principalement pour tous les actes de gestion consommés antérieurement à la dissolution du contrat.

TITRE II.

Des obligations qui se forment COMME PAR UN CONTRAT *

(de obligationibus quæ quasi ex contractu nascuntur).

Tribonien, on ne l'a pas oublié (Inst., tit. XIV, *de oblig.*, § 2), reconnaît quatre espèces d'obligations, celles qui sont formées par un contrat, comme par un contrat, par un délit ou comme par un délit.

Après avoir examiné les premières, en s'affranchissant cette fois de la méthode de Gaius qui n'admettait, nous l'avons dit, que deux sources principales (les contrats et les délits), il passe aux secondes dont il traite dans un titre spécial, le titre XVIII du 3e livre, *de obligationibus quæ quasi ex contractu nascuntur.*

Ce titre classe successivement dans cette catégorie comme source de certaines obligations, 1o la gestion des affaires d'autrui ; 2o l'exercice de la tutelle ; 3o l'indivision de certains objets communs à plusieurs ; 4o l'indivision d'une hérédité ; 5o l'existence d'un legs ; 6o la réception d'une chose indue payée par suite d'une erreur.

Parcourons successivement les textes relatifs à chacune des obligations qui naissent de ces diverses causes... *ex variis causarum figuris.* — Lorsque je gère les affaires d'un autre en vertu d'une mission que celui-ci m'a donnée, j'agis, on le sait, en qualité de mandataire ; si je les gère sans mandat, mais au vu et su du propriétaire, je suis encore considéré comme mandataire ; car Ulpien a dit : *semper qui non prohibet aliquem pro se intervenire, mandare creditur* (loi 60, ff. *de divers. reg. juris*). Il n'en est plus ainsi, lorsque je m'immisce dans les affaires d'un autre sans aucun mandat et à son insu ; ma gestion prenant alors un nom différent, *negotiorum gestio*, donnera naissance entre le propriétaire et moi à des actions

* On se sert presque généralement du mot de *quasi-contrat*, pour désigner la source des obligations dont nous allons parler. — M. Ducaurroi n'adopte pas cette locution par des raisons qu'il expose dans ses Institutes expliquées, tome 3, pages 205 et 206 ; et qui nous ont déterminé à suivre son exemple.

qualifiées, à cause du principe dont elles émanent, du nom d'*actiones negotiorum gestorum* (*Inst. de obligat. quæ quasi ex cont.... nasc.*, § 1er, — ff. tot. tit. *de negot. gest.*) — Ces actions sont comme tant d'autres, dont nous avons déjà parlé, tantôt directes (*actio directa*), tantôt contraires (*actio contraria*).

L'action *directe* est accordée contre le gérant au maître dont les afaires ont été gérées ; elle donne à celui-ci le droit de demander compte au gérant de son administration, *administrationis reddere rationes* (*Inst. ibid.*), d'obtenir de lui la remise de tout ce qu'il a reçu à l'occasion de cette gestion (déduction faite des dépenses *utiles* qu'il a été obligé d'exposer), et une indemnité égale au préjudice qu'il aurait pu occasionner dans le cours de sa gestion, par son dol ou par les fautes qu'il aurait commises, et que ne commet pas habituellement un bon père de famille.

Pomponius écrivait en déterminant la responsabilité du gérant : *Si negocia absentis et ignorantis geras, et culpam et dolum præstare debes* (loi 11, ff. *de neg. gest.*). Paul, dans ses Sentences, professait la même doctrine en disant : *qui negotia aliena gerit et bonam fidem et exactam diligentiam rebus ejus pro quo intervenit, præstare debet* (liv. 1er, tit. 4, *de neg. gest.*).

Il ne lui suffit donc pas d'avoir apporté dans sa gestion le zèle et la prudence qu'il apporte à la direction de ses affaires personnelles. Tribonien en a fait l'observation dans le paragraphe 1er précité, restreignant toutefois sa doctrine aux cas qu'il précise de la manière suivante : *Si modo alius diligentior eo commodius administraturus esset negotia.* — Certaines circonstances peuvent cependant augmenter ou diminuer la responsabilité du gérant, comme on le voit dans les espèces prévues par les lois 3 et 11, ff. *ibidem.*

De son côté, le gérant est autorisé à réclamer, par l'action *contraire*, de celui dont il a géré les affaires, le remboursement de toutes les dépenses *utiles* qu'il a exposées pour lui, *is qui utiliter gessit negotia dominum, habet obligatum negotiorum gestorum* (*ibid.*). Ce principe est le résumé de la théorie exposée par Ulpien dans un de ses fragments. (Loi 10, *ibid.*).

En rapprochant la cause des obligations respectives du gérant et de celui dont l'affaire a été gérée, on voit que le principe de la première repose sur les faits volontaires de celui qui s'est immiscé dans l'administration de la fortune d'autrui.

Il en est bien autrement de celui dont les affaires ont

été officieusement gérées ; il se trouve exposé aux effets de l'action contraire, à son insu, indépendamment de toute volonté expresse de sa part, et par des motifs d'utilité publique que nous ferons bientôt connaître. — L'édit des Préteurs, dont le langage noble et concis était toujours empreint d'une imposante autorité, formulait cette action de la manière suivante : *si quis negotia alterius, sive quis negotia quæ cujusque cum is moritur, fuerint, gesserit, judicium dabo.* — Ulpien, profondément versé dans la connaissance des édits, en nous conservant la formule qui précède, faisait ressortir la sagesse de ses dispositions lorsqu'il écrivait : *Hoc edictum necessarium est, quoniam magna utilitas absentium, versatur, ne indefensi rerum possessionem aut venditionem patiantur, vel pignoris distractionem, vel pæna committenda, vel injuriâ rem suam amittant.* Qui aurait voulu, selon les observations de Tribonien développant la pensée de Gaius, et notamment d'Ulpien (§ 1er *ibid.*) entreprendre la gestion des affaires d'une personne absente, s'il n'avait su avoir une action pour le remboursement des dépenses qu'il aurait été obligé de faire ? — Si ces textes font comprendre la nécessité de l'édit, d'autres en démontrent l'équité, comme on le voit dans la loi 2, ff. *ibid.*

Le second exemple des obligations analogues à celles qui dérivent des contrats est pris dans l'exercice d'une tutelle. — Les notions que nous avons déjà acquises en explorant les titres du 1er livre des Institutes, relatifs à la puissance tutélaire (titre XIII et suivants), rendent, on ne peut plus facile, l'appréciation du point de vue sous lequel Tribonien envisage les rapports que la tutelle établit entre le tuteur et le pupille. — Il suffit, en effet, de rappeler que le tuteur est par le seul fait de sa gestion, soumis à l'action *directe* de la tutelle ; que par cette action il est tenu de rendre compte de son administration, d'après les bases fixées dans les titres du Digeste (*de administrat. et peric. tutor.* — *et de tutela et ration. distrah.*). de restituer au pupille tout ce qu'il a reçu en son nom et de l'indemniser de tous les dommages qu'il a occasionnés par son dol ou par sa faute, s'il a négligé d'apporter à la conservation de ses intérêts le même soin qu'à la conservation de ses intérêts personnels.

De son côté, le pupille est tenu par l'action *contraire* de rembourser à son tuteur tout ce que celui-ci aura utilement dépensé dans son intérêt, *si vel impensum aliquid in rem pupilli... vel pro eo fuerit obligatus, aut rem suam creditoribus ejus obligaverit.* — Nous examinerons bientôt quel était le principe générateur de ces obligations respectives.

D'après les textes suivants, extraits pour la plupart d'un fragment de Gaius (loi 5, § 1 et suivants, ff. *de oblig. et act.*), des obligations particulières existent encore indépendamment de toute convention, entre les copropriétaires d'une chose indivise qui n'ont entendu former entr'eux aucun contrat de société, *si inter aliquos communis res sit, sine societate* (§ 3, *ibid.*), entre les cohéritiers saisis d'une même hérédité (§ 4, *ibid.*), entre un héritier et un légataire (§ 5, *ibid.*), entre celui qui a payé par erreur une chose non due, et celui qui a reçu ce paiement (§ 6, *ibid.*). — Ces obligations réciproques varient avec les faits ou les rapports qui les produisent. Ainsi, les copropriétaires d'une chose commune, par exemple les codonataires, les colégataires auxquels le § précité donne mal à propos la qualification de *socii*, sont respectivement soumis à l'*actio de communi dividundo*, qui les oblige à se faire compte des fruits par eux perçus, des impenses exposées pour l'amélioration et la conservation de la chose commune, etc., etc. Les cohéritiers peuvent exercer entr'eux l'*actio familiæ erciscundæ*, dont le titre 2 du livre 10 du Digeste énumère avec détail tous les effets; l'héritier est exposé vis-à-vis des légataires à une action personnelle, *ex testamento*, dont nous avons parlé en traitant des legs; enfin, celui qui a reçu une chose qui ne lui était pas due et qui n'a été payée que par erreur est tenu de la restituer à celui qui l'a mal à propos livrée. — L'action accordée à ce dernier pour obtenir cette restitution, est désignée sous le nom de *condictio indebiti*. Celui qui a ainsi reçu sans cause ou sur une fausse cause est assimilé à celui qui emprunte des choses fongibles à titre de *mutuum*; *is qui accipit obligatur, ac si mutuum ei daretur et ideo condictione tenetur* (§ 6, *ibid.*), L'analogie qui existait entre les obligations résultant d'un paiement de cette nature et celles qui dérivent du *mutuum* engagea Gaius et Tribonien à classer la *solutio indebiti* à côté de ce dernier contrat dans le titre consacré aux engagements formés par la tradition d'une chose (Gaius, com. 3, § 91. — Just. Inst., *quid. mod. re contrah. oblig.*, § 1er). Le texte de Tribonien (*ibid.*) nous donne un exemple des conséquences de cette analogie ou plutôt de cette assimilation, en déclarant d'une manière positive (ce qui paraissait encore douteux au temps de Gaius, *ibid.*), que le pupille qui ne pouvait être soumis aux actions inhérentes au *mutuum* lorsqu'il avait reçu, sans le consentement de son tuteur, était également affranchi de la *condictio indebiti* (toutes les fois qu'il ne s'était pas enrichi avec la chose qui lui avait été induement payée). — Le principe qui autorise la répétition de la chose de la part de celui qui la livre par erreur, est soumis à quelques exceptions consignées dans le § 7 de *obligat. quæ quasi ex contrac. nascunt.* (*ibid.*).

Résumer les énumérations qui précèdent, c'est révéler la pensée des jurisconsultes Romains relativement aux obligations qui se forment comme par un contrat, *quæ* QUASI EX CONTRACTU *nascuntur.* — Dans toutes les obligations qui dérivent d'un contrat, le *vinculum juris* prend naissance dans le consentement respectif des parties, dans le concours de leurs volontés librement exprimées, suivi, comme on l'a vu, tantôt de la tradition d'une chose, tantôt de formules sacramentelles, tantôt de l'écriture. Il n'en est plus de même par rapport aux obligations dont nous venons de parler dans ce titre. — Point de consentement respectif, point de concours de volontés, par cela même point de contrat, du moins entre le *negotiorum gestor* et le propriétaire dont l'affaire a été gérée, entre le tuteur et le pupille, enfin entre l'héritier et le légataire, encore moins entre celui qui a payé par erreur et celui qui a reçu, puisque selon la juste observation des textes, celui qui croyait payer au véritable créancier entendait plutôt dissoudre que créer une obligation. *qui solvendi animo, pecuniam dat, in hoc dare videtur ut distrahat, potius negotium quam contrahat.* Il faut encore remarquer, et ceci n'est pas sans importance, pour montrer dans leur jour les vices des définitions de la dernière école, que le consentement n'est pas même *tacite* ou présumable de la part de plusieurs personnes qui cependant n'en sont pas moins obligées, par exemple, de la part du tuteur qui subit malgré lui le fardeau de la tutelle ; de la part de l'héritier nécessaire, dont les obligations vis-à-vis des légataires ne peuvent être la conséquence de son adition puisqu'il est héritier malgré lui. (Instit. liv. 2, *de hæred. qualit. et diff.*, §§ 1 et 2).

Dans toutes les espèces que nous venons de parcourir, les obligations qui existent ne dérivent donc pas d'un contrat : nous n'adopterons même pas, d'après les observations qui précèdent, les traditions reçues en disant que ces obligations reposent du moins sur un consentement *tacite* que des motifs d'intérêt public ou privé font présumer.

La seule proposition exacte en cette matière est que ces obligations proviennent d'un droit *spécial* mais *positif*. Cependant on ne pouvait sous aucun rapport faire dériver ce.

obligations d'un délit, et dès lors, par cela seul qu'elles offraient quelques analogies plus ou moins directes avec certains contrats, on a mieux aimé les comparer à cette dernière source d'engagements. On les a donc considérées comme si elles avaient été formées par un contrat; *si quidem non propriè ex contractu nasci intelliguntur, sed tamen quia non ex maleficio substantiam capiunt*, QUASI EX CONTRACTU *nasci videntur.*

Les aperçus rapides que nous venons de présenter sur les sources d'obligations analogues aux contrats, sont calqués sur l'économie adoptée par Tribonien dans le titre précité des Institutes de Justinien. — Cette méthode n'est cependant pas la méthode historique. — Il sera facile de la rétablir à l'aide des notions suivantes :

Il est impossible d'admettre que déjà dans le cours de la 1re période, plusieurs obligations que nous venons de mentionner n'aient pas été réalisées, par exemple, les obligations des héritiers envers les légataires, des tuteurs envers leurs pupilles, des cohéritiers entr'eux. Quant à l'origine des engagements résultant de l'administration d'une chose commune, d'un paiement fait par erreur, elle est probablement d'une date postérieure à celle des obligations prémentionnées. — Mais ces engagements sont à leur tour certainement antérieurs aux obligations dérivant de la *negotiorum gestio* qui ne dut surgir et se développer que dans le cours de la 2e période, sous l'influence des voyages lointains dont les Romains contractèrent l'habitude et surtout des fréquentes émigrations que nécessitèrent les orages des derniers temps de la république *.

TITRE III.

Des Obligations qui naissent d'un DÉLIT (quæ ex delicto nascuntur), *ou plutôt des délits considérés comme la source de certaines Obligations.*

Le délit est un acte nuisible et répréhensible. — Parmi les délits une large division distinguait ceux qui pouvaient être poursuivis par tous les membres de la cité, de ceux

* En traçant cette gradation historique, en rapport, à nos yeux, et avec la marche de toute civilisation, et plus spécialement avec la civilisation Romaine, nous nous sommes écartés des vues émises par M. Hugo, *dans son Histoire du Droit Romain*, (tom. 1er, pag. 192 et 195), où nous soupçonnons quelques erreurs échappées à son traducteur M. Jourdan.

qui ne lésant que des intérêts privés, *quæ ad rem familiarem et privatam pertinebant*, n'ouvraient une action qu'aux personnes dont les droits avaient souffert. — Aux premiers on donna le nom de *délits publics* (Inst. *de public. judic.*, § 1er), au seconds celui de *délits privés.*

Nous ne parlerons ici avec Gaius et Justinien (liv. 4, tit. 1er et suivants) que des délits de la seconde espèce, en les considérant tour à tour comme la source de certaines obligations, et par suite de certaines actions auxquelles ils soumettent leurs auteurs. — Ces délits sont (d'après l'énumération des textes que nous venons d'indiquer) au nombre de quatre, savoir : 1° le vol (*furtum*), 2° le rapt (*rapina*), 3° le dommage causé dans les cas prévus par la loi *Aquilia* (*damnum*), 4° l'injure (*injuria*).

Nous consacrerons un paragraphe particulier à l'examen de chacun d'eux, en faisant remarquer avant tout et comme pour lier les théories qui vont suivre à celles qui précèdent, que si les obligations dérivant des contrats sont multiples, en ce sens que les unes naissent comme on l'a vu de la tradition d'une chose, les autres des formules sacramentelles, etc., toutes celles dont nous allons parler ont cela de commun qu'elles dérivent toutes d'*un fait*, c'est-à-dire de l'acte constitutif du délit ou du méfait, *omnes ex* RE *nascuntur, id est ex ipso maleficio.* (Gaius, *ibid.* 182. — Just., Inst. liv. 4, *de obl. quæ ex delict. nasc.* § 1er).

§ Ier

Du Vol (furtum).

L'analyse des textes que renferment, au sujet du vol, les paragraphes 183 et suivants, jusques et y compris le 208e des Institutes de Gaius et le titre premier précité du quatrième livre des Institutes de Justinien rapprochés du titre XXXI du livre 2 des Sentences de Paul, nous autorise à tracer le plan suivant pour l'examen des principes relatifs à cette source d'obligations : 1° quels sont les caractères constitutifs du vol, et combien d'espèces de vols distingue-t-on ; 2° quelles sont les obligations et les actions qui dérivent du vol ; 3° qui peut exercer ces actions et contre qui peut-on les exercer ? — Ce plan, il faut le confesser, est entièrement différent de l'ordre dans lequel sont classés les textes ; mais nous n'hésitons pas à croire qu'il rendra plus facile l'intelligence de ces textes, par cela seul qu'il repose tout entier sur la généalogie naturelle des idées.

I. *Quel sont les caractères constitutifs du vol*, etc....

Dans le § 1er du titre précité, Tribonien empruntant le langage du jurisconsulte Paul (loi 8, § 3, ff. de *furtis*) définit le vol, (*furtum*, mot technique dont l'étymologie se trouve dans le § 2, *ibid.*) : *Contrectatio fraudulosa, lucri faciendi gratiâ, vel ipsius rei, vel etiam usus ejus possessionisve, quod lege naturali prohibitum est admittere.* Une autre définition de Paul caractérisait avec plus de concision le voleur, de la manière suivante : *Fur est, qui dolo malo rem alienam contrectat.* (Sentences, *ibid.*, § 1er).

Pour qu'il y ait vol il faut donc la réunion des conditions suivantes : 1° De la part de l'auteur du fait, intention frauduleuse et en même temps espérance de réaliser un profit, un lucre quelconque ; 2° déplacement, soustraction, usage de la chose. — Apprécions successivement chacun de ces caractères.

Il faut d'abord qu'il y ait 1° intention frauduleuse, dol mauvais, de la part de l'auteur des actes que nous venons de préciser. Tous les textes sont d'accord pour formuler à ce sujet cette maxime : *Furtum sine dolo malo, sine affectu furandi non committitur* (Gaius, *ibid.*, § 197. Justinien, Inst., § 7 et 8, *ibid.*) ; *nemo furtum facit sine dolo malo.* (Ulp., loi 50, § 2, ff. *de furtis*). — Aussi lorsqu'on s'est demandé si un impubère pouvait se rendre coupable de vol, on a répondu qu'il fallait examiner si par son âge il était susceptible d'avoir un discernement suffisant. (Gaius, *ibid.*, § 208. — Just. Inst., § 18). — Ce n'est pas encore assez d'avoir *l'affectus furandi ;* les textes exigent encore, pour qu'il y ait vol, que l'auteur du fait ait voulu réaliser un bénéfice, obtenir un avantage quelconque pour lui-même ou pour un autre qu'il entendait gratifier, *lucri faciendi gratiâ* (§ 1er, *ibid.*) ; car l'observation suivante de Gaius est pleine de raison : *species lucri, est ex alieno largiri et beneficii debitorem sibi adquirere.* (Loi 54, § 1er, ff. *de furtis*). — 2° L'intention quelque perverse qu'elle soit, ne suffit pas, on l'a déjà dit, il faut encore un fait matériel *contrectatio... sola cogitatio furti faciendi non facit furem,* disait encore le jurisconsulte Paul (loi 1re, § 1er, ff. *de furtis*). — Ce fait peut consister ou dans la soustraction, dans le déplacement de la chose elle-même que l'on veut s'approprier, *contrectatio* REI IPSIUS ; ou dans l'usage frauduleux de cette chose de la part de celui qui n'avait pas le droit de s'en servir, ou de la part de celui qui avait reçu ce droit, dans la substitution d'un usage différent de celui qui lui avait été concédé, [illegible] USUS, enfin de la part du propriétaire même.

dans la soustraction de la possession de sa propre chose, possession qu'il avait conférée à un autre, *furtum* POSSESSIONIS. — Ainsi le dépositaire qui se sert de la chose déposée, le commodataire qui fait servir la chose prêtée à des usages plus onéreux que ceux qui ont été réglés dans le commodat, commettent l'un et l'autre un vol par rapport à l'usage, *furtum* USUS. Ainsi le débiteur qui, sans s'être libéré, soustrait au détriment de son créancier le gage qu'il lui avait livré *in securitatem debiti*, commet à son tour un vol de la possession (*furtum* POSSESSIONIS), de sa propre chose, *suæ rei furtum committit.* (Gaius, § 196, 197 et 198; Just. Inst... § 6, 7, 10). — Les § 7 et 8 se livrent, au sujet du vol dont le commodataire peut se rendre coupable, à des précisions qui ne sont qu'une application à l'espèce des principes généraux relatifs à l'intention frauduleuse sans laquelle il n'y a jamais de vol. — La dernière partie du § 8 est remarquable, en cela que Justinien accorde l'*actio furti* et l'*actio servi corrupti* dans un cas où il punit la simple intention, par dérogation aux anciens principes qui exigeaient toujours un fait consommé. (Gaius, *ibid.*, § 198).

Quant à la nature des choses susceptibles d'être volées, tous les anciens jurisconsultes n'étaient pas d'accord sur le fait de savoir s'il était permis de ranger dans cette catégorie les choses immobilières comme les choses mobilières. — Mais dans le titre des *Usucapions* et des *prescriptions longi temporis*, Justinien nous a déjà appris que l'opinion de ceux qui avaient adopté l'affirmative fut définitivement proscrite, et que le vol ne pouvait plus être commis qu'à l'égard des choses mobilières, *abolita est quorumdam veterum sententia existimantium etiam fundi locive furtum fieri posse.* (Inst. liv. 2, tit. 6, *de usucap.*, § 7). — On pouvait d'ailleurs se rendre quelquefois coupable de vol par la soustraction de personnes libres (lorsqu'elles étaient *alieni juris*), comme par la soustraction des esclaves. (Inst. *de obligat. quæ ex dilecto nasc.*, § 9).

Lorsqu'on veut classifier les diverses espèces de vol, on remarque un dissentiment (peu profond à la vérité), dans les théories des jurisconsultes Romains. — Servius-Sulpicius et Massurius-Sabinus estimaient qu'il fallait en distinguer quatre espèces, le *furtum manifestum*, *nec manifestum*, *conceptum* et *oblatum*. — D'un autre côté, Labéon n'admettait que la première division, parce que, selon lui, la seconde se rattachait plutôt à des différences tablies entre les *actiones furti* par les circonstances accidentelles au vol, qu'elle ne constituait une classification distincte de la première. — Cette dernière théorie adoptée par Gaius, mais délaissée par Paul (Sentences, tit. 22, de *furtis*, § 31), reçut plus tard la sanction de Justinien.

Quoi qu'il en soit, après de nombreuses controverses dont Gaius nous rend compte (*ibid.*, § 184) on considérait sous Justinien comme voleur manifeste, *fur manifestus*, celui 1° qui avait été surpris sur le fait, *qui in ipso furto deprehenditur ;* 2° ou qui avait été surpris dans le lieu qui venait d'être le théâtre du délit, *is qui in eo loco deprehenditur quo furtum fit ;* 3° enfin, celui qui avait été surpris encore saisi de l'objet volé, quelle que fût la nature du lieu où on l'avait ainsi vu en possession de cet objet, pourvu qu'il ne fût pas encore parvenu à l'endroit où il avait l'intention de le déposer ; *quamdiu eam rem fur tenens visus vel deprehensus fuerit, antequam eò perrenerit quo deferre vel deponere destinasset.* (Inst. § 3, *ibid.*). Ce n'était donc pas à la manière dont le vol avait été commis, mais bien aux preuves qui l'avaient constaté, que l'on s'attachait pour déterminer la gravité du délit ; et par suite la pénalité dont nous parlerons bientôt, était proportionnée, non au délit, mais aux preuves du délit.* Le voleur, *nec manifestus*, était celui que l'on ne pouvait ranger dans aucune des trois catégories dont nous venons de parler, *quod manifestum non est furtum, id scilicet nec manifestum est* (*ibid.*).

Tribonien, qui ne reconnaissait, d'après Labéon et Gaius, que cette première classification, a voulu cependant, pour nous donner une idée des systèmes de Servius-Sulpicius et de Paul, définir les autres espèces de vol dont nous avons parlé. Il caractérise le *furtum conceptum* de la manière suivante : CONCEPTUM *furtum dicitur, cum apud aliquem testibus præsentibus furtiva res quæsita et inventa est* **, et le *furtum oblatum :* OBLATUM *furtum dicitur cum res furtiva ab aliquo tibi oblata sit, eaque apud te concepta sit utique si eâ mente tibi data fuerit, apud te potiusquam apud eum qui dedit concipe-*

* Nous aurons à examiner, pour expliquer ces dispositions, les différentes versions de Cujas (*Obs.* xxx. 12), d'Heinneccius (*Ant. Rom.*, *tom.* IV, *pag.* 490), et de Montesquieu (*Esprit des Lois*, *l.* c. XXIX, *chap.* 13. — *Des lois Romaines sur le vol*).

** Gaius nous donne des détails fort curieux sur l'appareil du propriétaire de l'objet volé procédant à la recherche du délit. Il cherche en même temps à déverser le ridicule sur ces usages (Inst., § 192 et suiv.) qui peuvent cependant s'expliquer par des motifs naturels et religieux, ainsi que le fait observer M. Michelet, *Histoire de la rép. Rom.*, tom. Ier, notes des pages 354-355.

retur. Enfin, on distinguait encore le *furtum prohibitum* commis par celui qui s'opposait à la recherche d'un vol, recherche que l'on était prêt à faire *testibus præsentibus*; le *furtum non exhibitum*, commis par celui qui n'avait pas exhibé ou représenté la chose volée que l'on avait recherché et trouvé en sa possession (Inst. ? 4, *ibid.*).

II. *Quelles sont les obligations et les actions qui dérivent du vol?*

Après avoir énuméré les diverses espèces de vol que l'on distinguait chez les Romains, examinons quelles obligations elles imposaient à l'auteur du délit, ou plutôt à quelles actions elles l'exposaient.

On comprend sans effort que le voleur, et après lui ses héritiers, devaient être soumis vis-à-vis du propriétaire à l'obligation de restituer la chose volée à son préjudice; c'est par l'action, désignée sous le nom de *condictio furtiva*, que le propriétaire agissait contre l'auteur du vol et contre ses héritiers, bien qu'ils eussent cessé de posséder l'objet volé. — Que s'ils le possédaient encore, le propriétaire avait en outre la *vindicatio* dont il pouvait également user contre les tiers qui auraient été en possession des mêmes objets.

Indépendamment de cette obligation de restituer la chose volée, le voleur était soumis personnellement à titre *de peine* * à d'autres obligations que nous allons faire connaître, obligations qui ne passaient point à ses héritiers, mais dont il était, quelquefois, tenu vis-à-vis d'autres que le propriétaire de l'objet volé, par une action spéciale dérivant du délit, *actio furti*. Ces obligations, purement pénales, qui variaient selon la nature du vol, n'ont pas toujours été les mêmes dans toutes les phases de la jurisprudence. — Plusieurs distinctions deviennent donc indispensables.

Gaius nous apprend à ce sujet (? 189) que la loi des Douze Tables prononçait contre le vol manifeste une peine capitale d'après laquelle, lorsque l'auteur de ce vol était une personne libre, *verberatus addicebatur ei cui furtum fecerit*. Il est d'autant plus difficile de déterminer de nos jours la nature de cette peine, que d'après le témoignage du même jurisconsulte, les anciens Romains eux-mêmes n'étaient pas d'accord à cet égard. — Si le voleur était un esclave, on le précipitait du haut de la roche Tarpéienne

* L'obligation de restituer la chose volée n'avait évidemment rien de pénal.

après l'avoir battu de verges, *servus virgis cæsus, de saxo dejicitor*. Les dispositions de cette loi parurent trop rigoureuses aux Préteurs, qui les tempérèrent dans leurs Édits en substituant à l'égard des esclaves comme des hommes libres une peine pécuniaire, à la peine capitale. Cette peine fut du quadruple (*quadruplum*) qui se calculait, non pas sur la valeur de l'objet volé, mais généralement sur l'intérêt des personnes lésées par le délit, et sur les risques que le vol leur avait fait courir.

Les Décemvirs avaient condamné le voleur non manifeste, à la peine du double (*pœna dupli*) que les Préteurs conservèrent. — Sous Justinien, ces principes ne subirent aucune modification. (Inst. § 5, *ibidem*).

Quant aux peines destinées à punir les autres espèces de vols que nous avons énoncées, il suffit, pour les connaître, de consulter le titre XXXI des Sentences de Paul, *de furtis*, et le § *ibid.*, Inst. de Justinien. — Dans le même texte Tribonien nous fait remarquer que les actions auxquelles ces vols donnaient lieu tombèrent en désuétude, et qu'ils furent tous confondus avec le *furtum nec manifestum*.

III. *Des personnes qui peuvent exercer l'actio furti.* — La restitution de l'objet volé ne peut être poursuivie (nous l'avons dit) tantôt par la *vindicatio*, tantôt par la *condictio furtiva*, que par le propriétaire ou par ses héritiers. — Il n'en est pas de même des peines pécuniaires du *quadruple* et du *double*, indépendantes, comme on le sait, de l'action en restitution. — En effet, l'action du vol, *actio furti*, qui a pour but la condamnation à une de ces peines, est attribuée à tous ceux qui ont intérêt à ce que la chose se fût conservée : d'où la conséquence qu'elle pouvait appartenir à plusieurs personnes à la fois, *furti actio competit ei cujus interest rem salvam esse*, disait Gaius (*ibid.*, § 203). Elle est donc ouverte à d'autres que le propriétaire de cette chose, lorsque ceux-ci ont intérêt à sa conservation, et réciproquement elle ne peut être accordée au propriétaire que lorsqu'il a un intérêt semblable. (*Ibid.*, Inst. Justin., § 13). — Les § 14, 15, 16 et 17 (*ibid.*) appuient cette distinction par divers exemples. — Dans le premier sens, un créancier gagiste est toujours intéressé à la conservation du gage qui lui a été remis par son débiteur, sans distinguer si celui-ci est solvable ou non, parce que, dit Tribonien, *expedit ei pignori potius incumbere quam in personam agere*. Il est donc fondé, quoique non propriétaire du gage, *licet dominus non sit*, à exercer *l'actio furti*. — Dans un sens inverse, lorsque le propriétaire d'un objet l'a remis à un ouvrier, à un artiste qui, par un contrat de louage, s'est chargé de le polir ou de le réparer moyennant un salaire, si cet objet vient à être volé entre les mains de l'artiste, ce dernier aura seul l'action du vol, parce que responsable de la perte de l'objet vis-à-vis du propriétaire, il est seul intéressé à sa conservation. — Le propriétaire fondé à obtenir, par l'action dérivant du louage (*actio conducti*), une juste indemnité de la part de l'ouvrier, sera, puisqu'il est désintéressé, privé de l'*actio furti*, pourvu toutefois que la solvabilité de l'ouvrier lui présente une garantie entière. En effet, si celui-ci était insolvable, l'*actio conducti* étant alors illusoire, l'*actio furti* serait ouverte au propriétaire, tandis qu'elle serait par la raison contraire refusée à l'ouvrier. Les mêmes principes applicables au commodat (lorsque la chose a été volée entre les mains du commodataire responsable de ce vol d'après les précisions que nous avons faites en parlant de ce contrat), reçurent sous Justinien certaines modifications que ce prince a consignées dans le § 16, *ibid.* On peut déduire facilement de ces théories que le dépositaire qui garant (en thèse) de son dol seulement, ne répond pas également de ses fautes ou de sa négligence, serait privé de l'*actio furti*, dans les cas où l'objet déposé aurait été volé entre ses mains. (*ibid.*, § 17).

Après avoir ainsi déterminé les personnes qui pouvaient exercer l'*actio furti*, il est naturel de s'occuper de celles qui étaient exposées à la même action. — Notons d'abord que tout vol ne donne pas action contre tous ses auteurs indistinctement; car les rapports de puissance qui existent entre ces auteurs et les propriétaires des objets volés, peuvent s'opposer à l'exercice de l'*actio furti*. — Sans doute le fils de famille qui soustrait frauduleusement un objet appartenant à l'assendant sous la puissance duquel il est placé, se rend par ce fait coupable de vol, *furtum quidem facit*; l'objet volé tombe dans la classe des choses furtives, *in furtivam causam cadit*; il ne peut plus être *usucapé*, tant que le vice que le délit lui imprime n'aura pas été purgé, ainsi qu'on l'a expliqué en traitant de l'usucapion (Inst. livre 2, tit. 6, § 3 et 8). — Mais l'ascendant pourrait-il exercer l'*actio furti*, alors que toute action suppose des patrimoines distincts entre celui qui l'exerce et celui contre lequel elle est exercée? — Les mêmes théories sont applicables au vol commis par des esclaves au préjudice de leurs maîtres.

A cette exception près (du moins d'après les Institutes)

l'*actio furti* peut toujours être intentée contre l'auteur principal du délit, *adversum furem*, et de plus contre tous ceux qui ont aidé le voleur de leurs secours et de leurs conseils, qui ont favorisé sciemment et d'une manière active (que le § 11 explique par plusieurs exemples) la perpétration du vol, *adversus eos quorum operà et consilio furtum factum est* (§ 11, *ibid.*), et enfin contre ceux qui auraient reçu et sciemment recélé les objets volés, *qui scientes rem furtivam susceperint et celaverint.* (§ 4 *in fine, ibid.*).

Les complices et les recéleurs, quelle que soit la nature du vol commis, ne sont jamais considérés que comme des voleurs non manifestes. (Loi 34, ff. *de furtis.* — Inst., § 4, *ibid.*). Mais en retour les obligations dont ils sont tenus sont indépendantes de celles du voleur, en ce sens que bien que celui-ci ne soit soumis à aucune action, par exemple, à cause de ses rapports de puissance avec le propriétaire de l'objet volé, ils n'en seront pas moins exposés eux-mêmes à l'*actio furti* (Inst. § 12, *ibid.*).

Soumis sous ces rapports à un droit différent, tous ceux qui ont commis le vol, leurs complices, les recéleurs ont cela de commun que l'*actio furti* est limitée à leurs personnes, qu'elle ne peut pas être donnée contre leurs héritiers, suivant la maxime écrite dans le titre 12 du 4e livre des Inst. *de perpet. et temporal. action... : Est certissima juris regula, ex maleficiis pœnales actiones in hæredem rei non competere.*

§ II.

Du RAPT *ou du vol commis avec violence* (rapina).

Le rapt, *rapina*, est une espèce de vol; il ne se distingue du vol ordinaire que par la circonstance de la violence à l'aide de laquelle il a été commis. A cause de cette aggravation du délit, le Préteur avait introduit une action toute particulière, à laquelle les jurisconsultes donnèrent par contraction le nom de *vi bonorum raptorum* (pour *actio bonorum vi raptorum*)... *propriam actionem ejus delicti nomine Prætor introduxit.* Gaius, dont nous rapportons les expressions, ne parle de cette action que dans un seul paragraphe (209 *ibid.*), tandis que Tribonien en a fait le sujet du titre 2 du 4e livre de *vi bonorum raptorum.* — Pour comprendre les caractères de cette action il suffira de la rapprocher de l'*actio furti* dont nous avons parlé dans le § précédent.

Le voleur ordinaire, manifeste ou non manifeste, s'environne du mystère, *clam aufert*; le ravisseur au contraire ne craint pas la publicité puisqu'il ose recourir à la violence pour consommer le délit. En haine des moyens qu'il emploie, les jurisconsultes lui impriment la qualification flétrissante de *fur improbus* (Gaius, *ibid.*), et par leurs Edits dont on trouve les termes dans un fragment d'Ulpien (loi 2, ff. *de vi bon. rapt.*), les Préteurs le condamnent à la restitution du quadruple. — Pour déterminer la quotité de cette restitution, on ne prenait plus en considération comme dans le vol ordinaire tout l'intérêt du demandeur, mais taxativement la valeur réelle de l'objet volé, soit que le rapt fût manifeste ou qu'il ne le fût pas, avec cette précision cependant, que dans le quadruple était comprise la valeur de l'objet volé, ce qui réduisait les effets de la peine au triple. — L'action à l'aide de laquelle cette restitution pouvait être réclamée n'était donc pas purement pénale. — Elle devait être intentée dans le délai d'un an; exercée après l'expiration de ce délai, elle se réduisait *in simplum*. — Par cet ordre, si le ravisseur était puni plus sévèrement que le *fur nec manifestus*, sa condition était d'un autre côté moins rigoureuse que celle du *fur manifestus*, puisque ce dernier se trouvait tenu de la restitution de l'objet volé indépendamment de la peine du quadruple. Cependant celui qui se préoccupe des graves condamnations prononcées contre les ravisseurs par les lois Julia, *de vi publica et de vi privata* (Sentences de Paul, tit. 26, liv. 5), reconnait bientôt que le rapt n'était pas traité plus favorablement que le vol, surtout lorsqu'il considère que l'*actio furti* était toujours accordée dans tous les cas où il y avait lieu à l'*actio vi bonorum raptorum*. (Just., Inst. *ad prœm.*, *ibid.*).

Par des règles analogues à l'*actio furti*, l'Edit n'accordait l'*actio vi bonorum raptorum* que lorsqu'il y avait eu mauvaise foi, intention frauduleuse de la part du ravisseur. — Cette solution etait en harmonie avec la pureté des principes et néanmoins elle devint le prétexte des plus graves abus de la part de ceux qui se croyaient autorisés à se faire justice eux-mêmes en entrant, à l'aide d'une violence colorée par des titres plus ou moins légitimes, en possession des objets mobiliers ou immobiliers qu'ils soutenaient leur appartenir. Touchés de ces inconvénients, les Empereurs Valentinien, Théodose et Arcadius jugèrent avec raison qu'il était convenable de mettre un frein à des voies de fait toujours odieuses. — Par une de leurs Constitutions, datée de l'an 389 de l'ère chrétienne, ces empereurs déclarèrent que celui qui se mettrait en possession par violence d'une chose mobilière ou qui envahirait une chose immobilière,

serait tenu, s'il en était propriétaire, de la restituer au possesseur évincé et perdrait en même temps tout droit de propriété sur cette chose, et s'il n'était pas propriétaire, d'en payer la valeur au possesseur, indépendamment de la restitution qu'il était toujours oligé de lui faire. (Loi 7, Cod., *undè vi*). — Justinien rappelle ces dispositions répressives, trop sages pour qu'il ne les conservât pas. (§ 1er, *ibid.*).

§ III.

Des Obligations résultant du dommage causé à la propriété d'autrui, dans les cas déterminés par la loi Aquilia (Damnum).

Dans la loi des Douze Tables les Décemvirs n'avaient pu passer sous silence les obligations dont serait tenu celui qui, sans aucun droit, aurait causé par imprudence ou autrement, un dommage (*damnum*) à la proprité d'autrui. — D'autres éléments législatifs s'étaient encore occupés du même objet, lorsque vers la fin du 4e siècle de la fondation de Rome, selon les uns * ou vers la fin du sixième siècle selon d'autres, un plébiscite doté du nom de loi *Aquilia* (parce qu'il avait été proposé aux Plébéiens par le tribun *Aquilius Gallus*) dérogeant à toutes les lois antérieures, vint promulguer un programme nouveau des obligations auxquelles, dans certains cas donnés, était assujetti celui qui préjudiciait à la fortune d'autrui.

Ce plébiscite eut égard principalement, pour déterminer le mode et la quotité des réparations, à la manière dont le dommage serait causé, à la nature de l'objet ou du corps lésé, et aux circonstances qui accompagneraient le fait dommageable. — Hâtons-nous d'aborder l'examen de ses dispositions qui constituaient trois chefs bien distincts :

Le premier chef, dont Gaius nous a conservé la formule, statuait sur le dommage, *damnum*, causé par celui qui aurait donné la mort à l'esclave d'autrui ou à un quadrupède de l'espèce de ceux que les textes désignent sous le nom de *pecudes*, parce que réunis en troupeaux ils vivent de pâturage...., *de quadrupede quæ pecudum numero est... de iis tantum quæ gregatim propriè pasci*

* D'après M. Ducaurroy, en l'année 528 de la fondation de Rome : d'après M. Giraud, en 468 ; et selon M. Ortolan, en 567.

dicuntur (Inst., tit. 3, *de lege Aquilià*, § 1er). Son texte limitatif ne s'appliquait pas aux autres animaux (sauf toutefois l'exception consignée dans la loi 2, ff. *ibidem*) qui, d'après leur nature ou leur instinct sauvage, ne peuvent être assimilés à ceux dont nous venons de parler. (*Ibid.* Inst., § 1er). Ce texte était ainsi conçu : *Qui servum servamve, alienum alienamve, quadrupedem vel pecudem, injurià occiderit, quanti id in eo anno plurimi fuerit, tantum æs dare domino damnas esto* (loi 2, *ad leg. Aquil.*). On le voit, le coupable était tenu de payer au propriétaire de l'esclave ou de l'animal occis, une somme égale à la valeur la plus forte que le corps détruit avait, non au jour de sa mort, mais dans le cours de l'année qui l'avait précédée, *non tanti teneatur quanti mortis tempore, sed quanti in eo anno plurimi fuerit.* Reproduisant ainsi la lettre du plébiscite (§ 214), Gaius a le soin de nous faire remarquer que par la force de ces principes la réparation se trouvait souvent supérieure au dommage causé. Le coupable devenait par cela même responsable du préjudice qui aurait pu être commis par d'autres, même de ceux qui auraient pu être la suite d'un cas fortuit dans le cours de l'année antérieure au délit *. — L'action accordée à celui qui avait souffert était donc *pénale ;* et dès-lors elle ne pouvait pas être donnée contre les héritiers de l'auteur du dommage. (Inst. § 9, *ibid.*).

Paul nous apprend que pour apprécier le dommage ou plutôt la valeur du corps qui a péri, il ne faut pas prendre en considération le prix d'affection que ce corps pouvait avoir aux yeux du propriétaire, mais seulement sa valeur commune (loi 33, ff. *ad leg. Aquil.*). — Gaius nous avertit d'un autre côté (Inst. § 212, *ibid.*), que l'estimation sur laquelle l'indemnité sera calculée, ne doit pas être limitée à la valeur *absolue* du corps détruit, qu'elle doit s'étendre à sa valeur *relative* à d'autres objets ou plutôt à la dépréciation que sa destruction fait éprouver à ces objets, enfin qu'il faut avoir encore égard aux bénéfices dont la même perte prive le propriétaire. — Cette dernière théorie, qui n'émanait pas de la lettre du plébiscite, reposait sur l'interprétation des Prudents, ainsi que l'atteste Tribonien ; *illud non ex* VERBIS *legis, sed ex* INTERPRETATIONE *placuit, non solum perempti corporis æstimationem habendam esse, sed eo amplius quid-*

* M. Hugo, *Histoire du Droit Romain*, tome 2, note de la page 459.

quid prœtereà, perempto eo corpore, damni vobis illatum fuerit (Inst. ⸹ 10, *ibid.*). — Les exemples proposés dans le même texte ne laissent rien à désirer pour l'intelligence de cette proposition.

Telle était la doctrine qui s'était formée sur le premier chef du plébiscite.

Le second chef était relatif (nous le savons depuis la découverte du manuscrit des Institutes de Gaius, *ibid.*, ⸹ 215) à l'adstipulateur qui avait libéré le débiteur en fraude du stipulant auquel il était adjoint. — Ses dispositions étant déjà tombées en désuétude du temps d'Ulpien (loi 27, ⸹ 4, ff. *ad Leg. Aquil.*), Tribonien se borne à mentionner ce dernier fait dans ses Institutes.

Quant au troisième chef qui nous a été conservé par Ulpien (⸹ 5 *ibidem*) il s'appliquait aux dommages causés par la simple blessure faite à l'esclave ou au quadrupède d'autrui, par la mort ou de simples blessures, quelle qu'en fût la nature (⸹ 13 *ibidem*), enfin par de simples détériorations ou lésions causées sur toute espèce d'animaux sans distinction et sur toute espèce d'objets inanimés appartenant à autrui.... *Cœterarum rerum, prœter hominem et pecudem occisos, si quis alteri damnum faxit, quod usserit, fregerit, ruperit, injuriâ; quanti ea res erit in diebus trigenta proximis, tantum œs domino dare damnas esto.* (*Ibidem*, ⸹ 13). Gaius et Tribonien ont généralisé le sens de ce troisième chef en disant *Capite tertio de* OMNI CÆTERO *damno cavetur.*

D'après son texte, l'estimation du corps qui avait été entièrement détruit ou seulement dégradé s'opérait pour le calcul du montant de l'indemnité, sur des bases différentes de celles que nous avons posées en parlant du premier chef du même plébiscite. — En effet, on considérait ici la valeur la plus forte que la chose avait eue, non plus dans le cours de *l'année* antérieure au dommage, mais seulement dans les *trente jours* qui l'avaient immédiatement précédé, *non quanti in eo anno, sed quanti in diebus triginta proximis ea res fuerit.* (Gaius, *ibid.* 218. — Justin. Inst... ⸹ 14, *ibid.*).

Les 1er et 3e chefs (nous passons le 2e sous silence par les motifs déjà déduits) statuaient donc sur des objets différents et produisaient des actions dont le résultat n'était pas le même. — Il étaient cependant régis par des principes communs, sous les rapports suivants :

1o Le propriétaire du corps qui avait été détruit ou lésé, n'avait l'action en réparation du dommage dérivant de la loi *Aquilia*, que lorsque ce dommage avait été causé

INJURIA, c'est-à-dire à tort, par un fait que le droit ne pouvait justifier *generaliter injuria dicitur omne quod non jure fit.* — INJURIA *ex eo dicta est eo quod* NON JURE *fuit.* (Ulp., loi 1re, ff. *de injuriis*). Alors seulement il y avait dommage proprement dit (*damnum*) ; car Ulpien précisant l'acception de ce mot dans le vocabulaire de la science du droit, disait : *Damnum nemo facit, nisi quid fecit quod facere jus non habet.* (Loi 15, ff. *de divers... regul. juris antiq.*). — La responsabilité de l'auteur du fait qui a causé le préjudice existe d'ailleurs, soit que cet auteur ait à se reprocher ou son dol, ou bien une faute, une négligence quelconque de sa part, quelque légère qu'elle soit, ne constituât-elle qu'une simple impéritie de l'art qu'il exerce, n'eût-il même aucune intention de nuire (loi 5, § 1er, ff. *ibid.*). De là cette conséquence corrélative que si l'accident nuisible ne caractérise qu'un cas fortuit, s'il n'a été amené par aucune espèce de faute, ou de négligence, ou d'impéritie de la part de celui qui en est l'auteur, enfin si celui-ci n'a fait qu'exercer un droit légitime, il sera affranchi de toute obligation, *itaque impunitus est*, disait Gaius (Inst. § 210, *ibid.*), *qui sine culpa et dolo malo*, CASU *quodam damnum committit.* Tribonien a reproduit ces théories (Inst. § 5 et 14, *ibid.*), qu'il a le soin d'expliquer par de nombreux exemples consignés dans les §§ 2, 4, 5, 6, 7 et 8, *ibid.*

2° Par une seconde précision encore commune aux mêmes chefs de la loi *Aquilia*, il faut que le dommage ait été causé par le contact et la collision d'un corps animé avec un autre corps animé (selon le 1er chef), animé ou inanimé (selon le 3e chef), *si* CORPORE *damnum fuerit datum....* CORPUS *læsum fuerit* (Instit. § 16, *ibid.*). En d'autres termes, il faut qu'un corps humain ait, par l'usage de l'un de ses membres ou d'un instrument étranger (loi 9, liv. 11, ff. *ibid.*), détruit entièrement ou seulement lésé, fracturé un autre corps et cela d'une manière *directe* et *immédiate*. Si le dommage n'était qu'un résultat indirect et immédiat de l'action de l'homme, son auteur ne resterait certainement pas impuni ; mais la partie qui a souffert ne pourrait plus agir contre lui d'après la lettre de la loi *Aquilia*, elle n'aurait, d'après l'esprit de la même loi, qu'une action utile. — Quelle pouvait donc être l'intention dominante des auteurs du plébiscite, si ce n'est de comprimer les passions violentes, de punir plus sévèrement les délits corporels et de placer d'une manière toute spéciale sous la protection des lois les esclaves et les animaux nécessaires à l'agriculture ?

Empruntons pour faire ressortir les distinctions que nous venons de proposer, les exemples que nous offrent Paul (loi 7, ff. *ibid.*) et Tribonien (§ 16, *ibid.*). — J'ai précipité de mes propres mains, des hauteurs d'un pont ou de la rive, dans le fleuve, votre esclave qui a bientôt péri. — Vous aurez contre moi l'action directe, émanant du texte même de la loi *Aquilia*, parce que mon fait personnel est la cause directe et immédiate de la mort de votre esclave. — Mais j'ai arbitrairement renfermé un de vos esclaves que j'ai laissé mourir de faim, ou bien sachant que cet esclave était atteint de fureur, j'ai remis entre ses mains un glaive avec lequel il s'est donné la mort, *furenti gladium porrexi*. Dans ces deux hypothèses je suis, il est vrai, la cause de la perte de l'esclave; mais je ne l'ai pas tué de mes propres mains, *non occidi*. Entre mon fait et la mort de cet esclave il n'y a pas indivisibilité d'action, comme dans notre première espèce, *causam mortis tantum præstiti*. (Paul *ibid.*); vous n'aurez contre moi que l'action utile (*actio utilis*) de la loi *Aquilia* (Gaius, *ibid.* § 219).

Enfin, si je vous ai causé un dommage, sans néanmoins détruire ni détériorer le corps au sujet duquel vous éprouvez ce dommage, par exemple, si touché de commisération pour un de vos esclaves que vous aviez chargé de chaînes, je l'ai délivré de manière à lui laisser prendre la fuite, *si misericordiâ ductus... servum compeditum solverim ut fugeret...* privé de l'action directe et de l'action utile de la loi *Aquilia*, vous ne pourrez exercer contre moi qu'une action *in factum*. (Inst. § 16, *ibid.*).

§ IV.

Des INJURES *considérées comme la source de certaines obligations* (de injuriis.)

Nous l'avons dit dans le paragraphe précédent, le mot *injuria*, dans la science du droit, s'entend de tout fait contraire au droit... *omne quod jure non fit*. — Mais en dehors de cette acception générique, les textes donnent à la même locution des acceptions spéciales qui se modifient avec les nuances particulières du fait injuste.... Ainsi Tribonien nous fait remarquer (Institutes livre 4, titre 4 *de injuriis, ad proœmium*), qu'elle est quelquefois synonime d'iniquité ou d'injustice (*iniquitas*, *injustitia*), par exemple lorsqu'on l'applique au Préteur ou au juge (*judex*) qui ont prononcé d'une manière contraire au droit. — Quelquefois encore elle n'exprime qu'une faute (*culpam*), qui a produit un dommage, comme dans les cas prévus par la loi *Aquilia*. Enfin, relative à d'autres théories, elle devient l'expression d'un affront reçu, d'un outrage, d'un acte de mépris (CONTUMELIA *à contemnendo*).

Cette dernière acception spéciale est celle que Tribonien donne au mot *injure* dans le titre 4 prémentionné du 4e livre des Institutes.

Pour bien faire comprendre l'esprit qui respire dans tous les textes de ce titre, une seule observation nous a paru nécessaire.

La loi *Aquilia*, on ne l'a pas oublié, suppose toujours un dommage matériel causé par suite d'une imprudence, d'une faute, d'une impéritie, indépendamment de toute mauvaise intention de la part du coupable, de tout désir de sa part de préjudicier à autrui, de blesser ses intérêts ou de l'offenser.

Le fait dommageable est par lui-même le principe des actions directes ou utiles qui dérivent les unes de la *lettre*, les autres de l'*esprit* du plébiscite. — La personne qui exerce ces actions n'a qu'un but, celui d'obtenir la réparation du préjudice que sa fortune a éprouvé. C'est le patrimoine lésé qui, par l'organe de son propriétaire, demande à être réintégré, à être rendu indemne.

Il n'en est pas de même en matière *d'injures*, d'après le sens particulier que nous donnons ici à cette locution.

Ce n'est plus en effet le fait matériel qui constitue l'injure, mais bien l'intention qu'avait son auteur de blesser l'honneur, la réputation, la dignité d'un autre, de porter atteinte à ses facultés physiques ou intellectuelles : de violer son droit de propriété, de l'empêcher d'exercer les droits qu'il tient du droit naturel, du droit des gens ou du droit de la cité.

L'injure existe, abstraction faite de tout préjudice matériel, et si un préjudice de cette nature a été la conséquence du fait injurieux, l'action qu'exerce la personne injuriée, n'a pour objet que de venger l'affront reçu, d'obtenir une réparation, une réhabilitation morale, VINDICANDA *injuria*.... VINDICTÆ *judicium* (Paul, Sentences, *tot. tit. de injuriis*, § 11). — Mais cette réparation étant impossible, les législateurs des temps primitifs ne trouvèrent qu'un genre de satisfaction à offrir à l'offensé, c'est-à-dire des condamnations pécuniaires.

Ces premiers aperçus suffisent pour empêcher toute espèce de confusion entre les théories relatives à la loi

Aquilia (que l'on pouvait d'ailleurs invoquer lorsque l'injure concourait avec les faits dommageables spécialisés par cette loi *) et celles qui vont suivre. Ils permettent encore de préjuger des diverses manières dont l'injure peut être commise et des caractères qu'elle doit avoir pour donner lieu à des actions dont nous expliquerons bientôt la nature et les effets. — C'est là tout le plan que nous allons suivre.

Ulpien, distinguant, d'après Labéon, les diverses manières dont une personne pouvait être injuriée, disait : *injuria fit aut* RE, *aut* VERBIS (l. 2, § 1, ff. *ad leg. Aquil.*) — Paul écrivait de son côté (Sentences *de injuriis*, § 1er) : *injuriam patimur aut in corpus aut extra corpus*.

D'après cette dernière division on était injurié 1° *in corpus*, lorsque le corps était, ou devenu l'objet de sévices, de blessures plus ou moins graves, ou pollué par des actes de violence contraires à la chasteté, *verberibus et illatione stupri ;* 2° *extra corpus*, par des propos et des discours offensants tenus à haute voix en présence de plusieurs personnes (*conviciis*)..., par la publication d'écrits calomnieux et diffamatoires (*carminibus... famosis libellis*)....

En dehors de cette division principale, ou plutôt d'après son second membre, il est encore injurié celui dont on offense la pudeur (Paul, loi 10, ff. *ibidem*); celui qui étant personne libre est revendiqué méchamment par un autre en qualité d'esclave (Gaius, loi 12, ff. *de injuriis*) ; celui dont le domicile a été violé (Paul, loi 23, *ibid.*) ; celui dont les biens ont été saisis par un créancier supposé qui, de mauvaise foi, a profité de l'absence de son prétendu débiteur (Gaius, § 220) ; — Enfin, celui qui est empêché d'exercer ses droits de propriétaire, etc.

Ces divers faits et tous autres analogues, (car les exemples que nous venons d'offrir ne sont pas limitatifs, Gaius 220, *ibid.* — Inst. Justin. *de injuriis*, § 11) ne deviennent injurieux que lorsque celui qui en est l'auteur, 1° a commis un acte arbitraire et agi sans aucun droit légitime, suivant cette maxime : *injuriam non facit qui jure suo utitur* ; 2° que son intention a été d'outrager, de blesser la réputation ou l'honneur, etc....

* Ulpien nous en fournit un exemple remarquable dans la loi 25, ff. *de injuriis*.

(car l'injure tout entière consiste dans l'*intention* : *injuria in* AFFECTU *facientis consistit*, disait Ulpien, loi 3, § 1er, ff. *de injuriis*). On en concluait naturellement que le furieux, l'impubère encore privé de discernement, étaient incapables de se rendre coupables de ce délit.

Il n'est pas nécessaire que les discours ou actes injurieux aient été proférés ou réalisés *directement* contre la personne même qui se prétend injuriée. Les jurisconsultes puisent toutes leurs inspirations dans la nature même de cette espèce de délit, reconnaissent avec raison qu'un citoyen romain peut être injurié ou directement en sa propre personne, ou par voie de conséquence, à cause des personnes avec lesquelles il est en rapport de puissance ou d'affection légitime. Ulpien, dont les fragments sur l'Édit, sujet de ses travaux les plus estimés, ont presque fait tous les frais du titre du Digeste *de injuriis*, écrivait encore à ce sujet : *aut per semetipsum alicui fit injuria aut per alias personas* (loi 1re *ibid.*, § 3).

L'injure faite au descendant refluera donc sur l'ascendant à la puissance duquel il est soumis : l'outrage adressé à l'épouse réfléchira sur son époux ; l'affront fait à la cendre du testateur rejaillira sur son héritier (*ibid.* § 4, 5 et 6), pourvu toutefois que telle ait été, que telle ait pu être l'intention de l'auteur de l'injure (Paul, Sentences *de injuriis*, § 3).

L'esclave que le droit confond presque toujours avec les choses, ne peut être personnellement injurié ; mais les faits qui ne sont pas injurieux pour lui revêtent ce caractère à l'égard de son maître, *servis ipsis quidem nulla injuria fieri intelligitur, sed domino fieri per eos videtur.* — On exige ici que l'intention manifeste de l'auteur ait été de faire remonter l'injure jusqu'au maître, et de plus que les excès dont l'esclave a été victime offrent des caractères de gravité ou d'atrocité qui ne seraient pas nécessaires pour constituer l'injure vis-à-vis d'une personne libre. Tribonien précise cette double condition dans les termes suivants : *cùm quid* ATROCIUS *commissum fuerit et quòd apertè ad contumeliam domini respicit.*

Les peines répressives du délit d'injure ont subi de nombreuses variations.

D'après la loi des XII Tables, la peine était, pour un membre rompu, le talion ; pour un os brisé ou froissé, s'il s'agissait du corps d'une personne libre, la condamnation au paiement d'une somme de 300, et s'il s'agissait du corps d'un esclave, de 150 *as*. — Ces peines pécuniaires avaient paru suffisantes, dit Gaius, à cause de l'état de grande pauvreté, qui fit la force et le bonheur de Rome naissante : *videbantur in illis temporibus, in magnâ paupertate, satis idoneæ istæ pecuniariæ pœnæ* (Inst. *ibid.* ☡ 223 — Just. Inst. *ibid.*, ☡ 7).

En modifiant ces principes le Préteur autorisa la partie qui venait lui demander la formule de l'action (*injuriarum*) à évaluer elle-même la peine pécuniaire. Le judex devant lequel les contendants étaient renvoyés, pouvaient sans contredit réduire cette évaluation, lorsqu'il la reconnaissait excessive, en ayant égard aux circonstances énumérées par Tribonien dans la dernière partie du ☡ 7 *ibid.*, mais il ne pouvait jamais l'augmenter.

Toutefois en matière d'injures ATROCES, soit à cause de la nature même du fait injurieux, ou du lieu dans lequel l'injure avait été commise, ou de la condition, de la dignité de la personne injuriée (Inst. *ibid.*, ☡ 9), le Préteur avait le soin, lorsque les parties étaient en sa présence (*in jure*), de déterminer la quotité du *vadimonium*, c'est-à-dire, des garanties ou des sûretés que le défendeur devait offrir dans certains cas au demandeur qui promettait de se représenter au jour fixé (Gaius Inst., comm. 4, ☡ 184 et suivants). Cette quotité était considérée comme l'évaluation de la peine pécuniaire, dont la condamnation devait être prononcée par le juge qui reconnaîtrait l'existence de l'injure, *si simul constituerit Prætor quantæ pecuniæ nomine fieri debeat* VADIMONIUM, *hâc ipsâ quantitate taxamus formulam*, disait Gaius (*ibid.* 224); et bien que d'après la pureté des principes ce *judex* conservât toujours la faculté de modérer cette évaluation dans sa sentence, il la respectait le plus souvent, par déférence pour l'autorité du magistrat, *propter ipsius Prætoris auctoritatem ; non audet minuere condemnationem* (*ibid.*)

Après la loi des XII Tables, et à côté du droit honoraire, l'histoire nous révèle la loi *Cornelia*, qui sous la dictature de Cornélius-Sylla dont elle emprunta le nom, prononça des peines fort sévères, lorsque l'injure avait lieu de l'une des trois manières suivantes : *Si quis pulsatus, verberatus, domusve ejus introita sit.*

Paul résumait donc avec une grande exactitude les différentes sources de l'*actio injuriarum*, lorsqu'il écrivait : *injuriarum actio ex lege* (la loi des XII tables), *ex more* (les usages sanctionnés par l'édit des Préteurs) *aut mixto jure* (la loi *Cornelia*) *introducta est.* (Sentences *ibid.*, § 6, 7 et 8).

Ce résumé doit être suivi, d'après l'enchaînement des idées, de l'énumération des personnes qui pouvaient demander au Préteur la formule de cette action, enfin de celles contre qui elle pouvait être demandée.

La personne contre laquelle ont été dirigés les actes injurieux est-elle engagée dans les liens de la servitude?

Le maître, nous l'avons dit, a seul, dans les cas que nous avons déjà déterminés (§ 3, *ibid.*), l'*actio injuriarum.* — Que si l'esclave est commun à plusieurs, ou bien s'il appartient à l'un pour la nue propriété, à l'autre pour l'usufruit, enfin s'il s'agit d'une personne libre possédée de bonne foi en qualité d'esclave, il faudra suivre les précisions et les distinctions que Tribonien a cumulées dans les § 4, 5 et 6 (*ibid.*).

La personne injuriée est-elle libre, et néanmoins placée sous la puissance ou sous la protection d'une autre? L'action sera ouverte à plusieurs personnes en même temps. — Prenons pour exemple l'espèce proposée par Nératius et reproduite par Paul (loi 1re, § ff. *de injuriis*). Mon épouse qui est encore *filia familias* est injuriée ; l'*action* sera ouverte en même temps à mon épouse, à son père et à moi-même, *et mihi, et patri ejus, et ipsi*, lorsque (comme nous l'avons déjà remarqué) l'auteur du délit a pu avoir l'intention en injuriant une fille de famille, une épouse, de faire réfléchir l'outrage sur son père, sur son époux. — Le Préteur qui aurait vécu dans le cours du 3e siècle de la fondation de Rome aurait-il refusé l'*actio injuriarum* à l'époux de Lucrèce si indignement outragée par un fils des Tarquins? Plus tard n'aurait-il pas été heureux de l'accorder au père de l'infortunée Virginie, obligé de poignarder sa fille pour la soustraire à l'effrénée lubricité de son ravisseur Appius? *

Je pourrai donc agir en mon nom personnel comme au nom de mon épouse, sauf toutefois, ce qui est digne d'être noté, que le montant des condamnations se réglera non sur la considération personnelle de celui qui agit, mais sur celle de la personne au nom de laquelle l'action est intentée (Ulp. et Paul, loi 30, 31, ff. *de injuriis*).

Pour connaître ceux qui sont exposés à cette action,

* On sait que l'institution des Préteurs ne remonte qu'à la fin du 4e siècle de la fondation de Rome.

laissons parler Ulpien (loi 11, ad prœm.), dont Tribonien a reproduit le langage (Inst. § 11 *ibid.*) : *Non solum is injuriarum tenetur qui fecit injuriam, hoc est qui percussit, verum ille quoque tenetur qui dolo fecit, vel qui curavit ut qui mala pugno percuteretur.* — Ce ne sont donc pas seulement les auteurs directs du délit, mais plus généralement tous ceux qui l'ont favorisé activement, tous ceux qui en sont les fauteurs, que l'action doit atteindre et frapper.

Si d'après tout ce qui précède, l'injure n'existe qu'en raison de l'intention de celui qui l'a commise, elle se mesure aussi sur les sentiments ou plutôt sur les ressentiments, sur la profondeur de la blessure, de l'ulcération morale de celui qui l'a reçue. Paul a eu le soin de nous le faire remarquer en disant Sentences *ibid.* § 1er *quod (injuria) ex affectu, uniuscujusque* PATIENTIS *et facientis æstimatur.* Il faut en déduire cette conséquence que l'action est détruite par le pardon ou l'oubli de la personne injuriée ; *hæc actio dissimulatione aboletur* dit Justinien d'après Paul § 12, et d'après Ulpien loi 11, § 1er *ibid.*

Nous ne passerons pas à un nouvel ordre d'idées sans consigner ici deux observations communes aux quatre espèces de délits privés qui précèdent. Elles sont relatives à l'option et au cumul dont jouit la partie lésée par rapport aux actions qu'elle peut exercer.

Pour obtenir la réparation du dommage que le délit privé a causé, la partie lésée pourra agir, ou criminellement, *criminaliter*, ou civilement, *civiliter.* — Ainsi en parlant de la loi *Aquilia*, Gaius nous fait remarquer que le maître d'un esclave peut, *capitali crimine reum facere eum qui occiderit vel hac lege damnum persequi.* De son côté, Tribonien dans le titre *de injuriis* pose le même principe : *in summâ sciendum est de omni injuria eum qui passus est, posse vel criminaliter agere, vel civiliter.* (Inst. § 10, *ibid.*). Ces précisions sont très-importantes en ce que les deux actions sont soumises à des règles différentes, et quant à la manière de procéder en justice (Ulp. loi 3, ff. *de privatis delictis*), et quant aux principes à l'aide desquels la contestation est appréciée et jugée (Justin. Inst. § 10, *ibid.*).

2° Un même délit, lorsqu'il est complexe, peut en outre donner lieu à plusieurs actions civiles. — *Numquam plura delicta concurrentia faciunt ut illius impunitas detur, neque enim delictum ob aliud delictum minuit pœnam.* (l. 2, *de privat. delict.*). Pour mieux expliquer sa pensée le jurisconsulte propose plusieurs exemples parmi lesquels il suffira de citer ici le premier : vous avez soustrait frauduleusement un de mes esclaves et vous lui avez donné la mort ; comme *voleur* vous serez tenu vis-à-vis de moi par l'*actio furti*, et comme *meurtrier* par l'*action* de la loi *Aquilia*. Il faut enfin remarquer que l'exercice de l'une de ces actions n'empêchera pas plus tard d'exercer l'autre, *neque altera harum actionum alteram consumit* (§ 1er *ibid.*).

TITRE IV.

Des obligations qui se forment COMME PAR UN DÉLIT (de obligationibus quæ quasi ex delicto nascuntur).

De même qu'à côté des obligations qui naissent d'un contrat, nous avons placé des obligations qui se forment comme par un contrat, *quasi ex contractu*, nous allons, à côté des obligations dérivant d'un délit, parler de celles qui se forment comme par un délit, QUASI EX DELICTO.

Tribonien dont nous suivons ici la méthode, étrangère comme on le sait à Gaius, s'en occupe dans un titre spécial, le titre 5 du 4e livre, Instit. *de obligationibus quæ quasi ex delicto nascuntur*.

Toutes les théories qui s'y trouvent consignées se rapportent à une précision que nous avons eu le soin de faire en parlant de la loi *Aquilia*.

On n'a pas oublié à ce sujet, que les actions directes ou utiles dérivant de la lettre (*ex verbis*), ou de l'esprit (*et interprétation*) de ce plébiscite ne pouvaient être exercées que dans des cas déterminés, lorsqu'un corps avait été détruit entièrement, ou seulement détérioré par un corps humain. — Tout autre dommage résultant du fait de l'homme, mais en dehors des précisions du plébiscite, donnait lieu à une action *in factum* (Instit., *de lege Aquil.*, § 16). — Tribonien nous offre ici quelques exemples analogues de dommages qui rentrent dans cette dernière catégorie et qui par cela même font éclore les mêmes obligations et les mêmes actions.

L'auteur de ces dommages ne s'est rendu coupable d'aucun délit ; mais d'un autre côté il est encore moins lié par un contrat vis-à-vis de ceux dont les intérêts ont souffert. Il faut cependant qu'il répare le préjudice causé : et dès-lors, par cela seul qu'il a été imprudent ou négligent, s'il n'a pas été coupable, on a dit que ses obligations étaient formées comme par un délit.

Le premier exemple de semblables obligations que nous rencontrons dans le *præmium* du titre précité, est relatif au juge qui a rendu une sentence injuste, et qui par ce fait seul, n'eût-il mal jugé que par imprudence, par impéritie, par ignorance des préceptes du droit (et à plus forte raison s'il a prévariqué, s'il s'est laissé corrompre), s'oblige à indemniser celui des contendants dont il a sacrifié les intérêts. — En prononçant cette sentence il s'est, pour ainsi dire, approprié le procès qu'il a faussement apprécié, *litem suam fecit*, disent les textes avec cette énergie et ce bonheur d'expressions qui constituent un des caractères particuliers de la jurisprudence Romaine. Dès-lors il sera condamné à titre *de peine* au paiement d'une somme qui sera arbitrée par le nouveau juge appelé à statuer sur le litige, *in quantum de ea re æquum religioni judicantis videbitur, pœnam sustinebit.*

Le second exemple est relatif à la responsabilite du propriétaire ou locataire, ou de celui qui habite, à tout autre titre, dans le bâtiment ou l'appartement d'où ont été projetés des corps solides, ou répandus des liquides susceptibles de nuire à autrui, (si) *dejectum effusumve aliquid est, ita ut alicui noceret.* — Quel que soit l'auteur de cet acte nuisible, le possesseur du lieu, d'où les matières ont été projetées ou répandues, est responsable du préjudice causé. — Il en est de même de celui qui a laissé placé ou suspendu *positum aut suspensum*, sur la voie publique, *ea parte quâ vulgo iter fit*, un corps dont la chûte serait de nature à léser les passants ; il serait passible, à titre de peine, d'une condamnation au paiement d'une somme de dix pièces d'or, par le fait seul de son imprudence et sans qu'aucun dommage eût été causé. Il n'est même pas nécessaire ici pour être soumis à cette peine, que l'on habite la maison, il suffit que l'on eût le droit de l'habiter en qualité de propriétaire, de locataire ou à tout autre titre (Ulp., loi 5, ff., *de his qui effuderint*).

Quant aux peines prononcées contre les habitants des maisons ou tous autres bâtiments pour la réparation du dommage réel occasionné par le projet de solides ou l'effusion de liquides, Tribonien nous apprend qu'elles variaient selon la condition de la personne lésée, la gravité du dommage éprouvé, qui devait être calculé en raison de toutes les pertes causées et de toutes les dépenses qu'avaient entraînées le fait dommageable ; enfin, en raison des profits que l'accident empêcherait désormais de faire, *judex enim computare debet mercedes medicis præstitas, cæteraque impendia, quæ in curatione facta sunt; præterea operas quibus caruit aut cariturus est ob id quod inutilis factus est* (*ibid.*).

La responsabilité de ces peines pèse en principe, nous l'avons déjà fait remarquer, sur celui qui est possesseur actuel de l'édifice, *ex quo aliquid dejectum effusumve est*.... On n'examine pas si celui qui possède est ou n'est pas personnellement l'auteur du fait auquel le droit attache des peines. Dans tous les cas sa responsabilité est la même, parce qu'il doit répondre de l'imprudence des personnes qui habitent sous le même toit que lui. — De là dérive cette conséquence constatée par Tribonien, que si le fils de famille avait une habitation distincte et séparée de l'habitation de son père, *si seorsum à patre habitaverit*, celui-ci ne serait plus garant des actes de la nature de ceux dont nous venons de parler (§ 2, *ibidem*), le fils serait seul exposé aux actions dont ces actes deviennent le principe. — Cette théorie est déclarée commune par le même texte au fils de famille, qui, investi des pouvoirs de juge, a assumé sur sa tête tous les risques du procès, par l'effet de la sentence injuste qu'il a rendue.

Le paragraphe 3 et dernier du même titre (auquel nous n'avons pas cru devoir donner de longs développements) s'occupe de la responsabilité qui pèse sur les commandants d'un navire, *exercitores navis*, sur les maîtres d'hôtellerie et toutes autres personnes qui font profession de loger et recevoir, *exercitores cauponæ aut stabuli*, à l'égard des vols commis ou du préjudice causé de toute autre manière au préjudice des passagers et des voyageurs, par ceux qu'ils ont employés au service des navires ou de ces hôtelleries ou autres établissements. — Aucun délit, aucun méfait personnel ne peut être reproché à *l'exercitor* lui-même, puisque nous le supposons entièrement étranger au vol ou au dommage dont on se plaint ; il n'est d'un autre côté tenu par aucune sorte de contrat vis-à-vis des propriétaires des parties lésées. Mais comme il doit s'imputer d'avoir accordé sa confiance à des employés ou à des commis infidèles ; *reus est quod operâ malorum hominum utetur* (§ 3 *in fine*, ibid.), on le déclare obligé, *quasi ex maleficio*, à réparer le préjudice causé.

Il en est de même du juge qui a mal jugé, ou du possesseur des bâtiments au sujet desquels nous avons fait les précisions qui précèdent, lorsque les actes entraînant des peines, sont émanés de leurs esclaves, de leurs enfants habitant avec eux. Le juge quelle que soit la pureté de ses intentions, a toujours à se reprocher de n'avoir pas apprécié convenablement le procès.... *peccasse aliquid intelligitur* (*ad præmium. Ibid.*). Le possesseur n'est également obligé ni par un délit, ni par un contrat quelconque, et néanmoins il est responsable, il est obligé comme par un délit, *quasi ex maleficio*, parce qu'il doit s'imputer de n'avoir pas exercé une surveillance assez active sur tous ceux qui habitent avec lui.

L'action accordée aux parties lésées, dans les divers cas que nous venons d'énumérer, est l'*actio in factum.* Cette action, transmissible aux héritiers de ces parties, ne sera pas également donnée contre les héritiers de l'auteur du dommage, *actio quæ hæredi quidem datur, adversus hæredem autem non competit* (§ 2, *ibid.*).

En traitant les obligations qui se forment comme par un délit, nous avons parachevé l'exploration des quatre *sources* des obligations et par cela même épuisé la *première partie* de notre plan relatif à l'examen des obligations et des actions.

Toutefois nous n'entrerons pas dans l'examen des *Actions*, sans jeter un regard en arrière et placer les matières que nous avons rapidement parcourues sous le jour de quelques idées empruntées à l'histoire et à la philosophie du Droit.

Il ne nous a pas été difficile de saisir la gradation qui existe dans l'histoire des obligations dont nous venons d'énumérer les *sources.*

Le peuple qui, au pied de l'Aventin, fonde une cité nouvelle composée d'éléments grossiers, sinon barbares (pour la plupart) du moins peu civilisés, ne se préoccupe d'abord, en matière d'engagements, que de tout ce qui fait impression sur ses sens, des traditions, des conventions déjà exécutées par l'une des parties... et ces traditions se rapportent aux contrats indispensables à la vie.... au *mutuum* (prêt de choses fongibles),... au *commodat*, au *dépôt*, et à ceux qui dénotent la défiance naturelle chez des hommes de cette époque... au *gage.*

Bientôt, lorsqu'il aura secoué les langes de son berceau, lorsqu'il aura commencé à bégayer le langage de la vie civile, il trouvera dans les paroles formulées une cause nouvelle d'obligations. — Cette cause est un progrès amené par la nature même des choses, par la marche probable de l'esprit humain.

Les obligations verbales, celles que l'on appellera plus

tard *stipulations*, à cause des souvenirs attachés à leur origine, augmentent ainsi le nombre des contrats. — Ces formules sacramentelles, devenues l'expression d'un consentement obligatoire, survivront, chose remarquable ! à toutes les révolutions intellectuelles dont l'histoire a retracé le cours ; elles ne tomberont que sous les coups de la réforme d'un empereur de Constantinople. Pourquoi leur influence a-t-elle été donc si tenace ? Parce que le génie Romain est un génie sombre et mystique, dans le sein duquel la vieille Étrurie déposa un jour tous ses mythes et ses traditions ; parce que la politique du Patriciat s'est emparée de ces prédispositions pour retenir le Plébéien enlacé dans les réseaux d'une législation dont il ne pourra jamais bien comprendre le mécanisme si sévère et si compassé.

Ainsi, dans le droit tout est articulé et mesuré avec une exactitude mathématique. La cité humaine comme la cité Divine n'est que rhytme et que mystère ; le bâton des augures en sera le symbole.

Il ne faut pas dès-lors s'étonner que ce droit soit longtemps inflexible.

Dans le langage du législateur comme dans le langage du père de famille, le matérialisme prédomine.

Quand des engagements sont une fois formés, il ne faut plus en consulter que la lettre, et cette lettre il faut la respecter avec tout ce qu'elle a d'étroit ou d'injuste. Ce n'est pas seulement dans les rapports de ses citoyens entr'eux que Rome fait prévaloir ce rigorisme ; elle l'applique elle-même dans ses relations avec les cités rivales ou ennemies. — Elle détruira Carthage parce qu'elle a promis de respecter non pas *urbem* mais *civitatem*.

Mais le matérialisme doit entrer tôt ou tard en lutte avec le spiritualisme, et il est dans la nature de celui-ci d'être toujours vainqueur.

A Rome, ses succès s'annoncent par l'introduction des contrats parfaits par le seul consentement. (Ces contrats sont d'ailleurs l'expression du mouvement social, de l'extension du sol, etc., etc.).

Ils se dessinent surtout par le principe de l'*interprétation* admis dans les conventions et par les tempéraments de l'équité qui deviennent la conséquence de ce principe. — Le Préteur est monté sur son tribunal, et là, organe intelligent des sympaties nationales, il a proclamé l'avènement d'une ère nouvelle, l'alliance du droit avec la justice. — Cependant les inspirations du Droit naturel ne pénétreront pas dans le domaine de la jurisprudence. A peine si le Christianisme pourra donner quelque éclat et quelque fixité à ses pâles et vacillantes lueurs que les jurisconsultes du beau siècle de la jurisprudence n'avaient eux-mêmes saisies que d'une manière fugitive.

En retour, les entraves qui avaient gêné la liberté des conventions humaines, les difficultés qui résultaient, en matières de stipulations, et de la différence des idiômes et de la défense de choisir pour *terme*, des époques données, disparaissent. — Elles disparaissent fort tard, il est vrai, puisqu'il fut réservé à Justinien de les supprimer. Mais qui ne voit que jusqu'au règne de ce prince, si le progrès est certain, il est toujours fort lent; qu'en droit civil comme en politique, chaque réforme, pour être durable, est le résultat d'une lutte, le prix d'une conquête souvent douloureuse; que jusqu'à Justinien les innovations sont timides et partielles, que lui seul procède par révolution?

Sous son règne, les complications de la jurisprudence se dissipent.... l'unité et la simplicité triomphent. Nous en avons trouvé un exemple dans les fidéjusseurs qui remplacent exclusivement les *sponsores* et les *fidepromissores*. — La preuve testimoniale qui avait depuis longtemps perdu la confiance des hommes, perd enfin son autorité aux yeux du législateur lui-même: les documents écrits l'emportent désormais sur les documents verbaux. — Ce fut encore un progrès.

Ces aperçus, quelque incomplets qu'ils soient, ne suffisent-ils pas pour donner une idée convenable de la marche du droit Romain, de sa progression toujours ascendante, au milieu de tant d'obstacles et de vicissitudes, vers le principe de l'équité, de la raison et de l'émancipation intellectuelle?

Les inductions que réfléchissent les textes relatifs aux *délits* considérés comme la seconde source des obligations, nous conduiraient évidemment à des résultats identiques. Partout nous retrouverions des traces certaines de la dualité originelle du peuple Romain, des conquêtes d'une législation modérée sur l'âpreté primitive de la jurisprudence.

Ainsi le droit des Romains n'est pas seulement l'expression vivante de leur civilisation nationale, il est encore l'expression (ceci est digne de remarque) de toutes les civilisations en général.

L'humanité ne saurait sortir de la progression qu'il a parcourue. — En d'autres termes, dans l'histoire de ce peuple, et spécialement dans son droit, nous retrouvons toutes les phases de l'humanité, son enfance, son éducation, son âge viril; peut-on ajouter: et son point d'arrêt? Personne n'oserait l'affirmer.

Vico avait, mieux que tout autre, saisi ces vérités d'un ordre supérieur. Elles enflammèrent son génie, et lui inspirèrent ces conceptions admirables par la puissance d'une synthèse dans laquelle les plus hauts enseignements de la politique viennent se fondre avec les secrets les plus intimes de la religion et de la jurisprudence.

Quand Vico a démontré le problème qui désormais aurait la hardiesse de le contester?

Et cependant le Droit romain est encore de nos jours le point de mire de tous les traits d'une censure envenimée! On le méconnaît et on le calomnie; car on l'accuse, qui le croirait? de n'être qu'un tissu de dispositions bisarres et incohérentes, qu'un foyer de subtilités et de puérilités indignes de la raison humaine.

Sans doute nous serons tous entraînés vers ces fausses idées, si égarés par d'injustes préventions, nous nous arrêtons à l'enveloppe souvent froide des textes, dédaignant de pénétrer jusque dans le cœur de ses doctrines. — Mais sachons briser le joug que nous imposent à notre insu nos usages et nos mœurs. Affranchis des préjugés de notre civilisation, remontons le cours des âges; essayons de reconstruire l'histoire juridique du peuple Roi, et sous ses ruines poétiques et sacrées où sommeillent tant de glorieux souvenirs, nous saurons retrouver tous les titres du genre humain. A travers des masques, depuis longtemps déchirés, nous reconnaîtrons visiblement, dans leurs nudités, toutes les passions rivales s'agitant dans la main d'une Providence qui sait les conduire à ses fins.

Honneur aux jurisconsultes et aux philosophes modernes dont les efforts incessants tendent à replacer sur une voie si large le mouvement scientifique enrayé depuis deux siècles dans une ornière si profonde! — Gloire aux dépositaires des nobles inspirations du génie Napolitain, aux Ganz, aux Niébürh et aux Ballanche, qui se livrent tous les jours à des explorations nouvelles dans le monde que sa raison avait découvert! Un jour viendra, et ce jour n'est pas éloigné, où leurs méthodes seront seules en possession de l'enseignement qu'elles doivent nécessairement envahir.

Alors, peut-être, les amis de la plus belle de toutes les sciences n'éprouveront plus le regret d'entendre ces doléances périodiques que forment quelques organes du pays sur les vices de l'enseignement du Droit en France.

Encore cette année, au moment même où nous traçions les dernières lignes de ce travail, les mêmes plaintes ou plutôt les mêmes censures tombaient du haut de la tribune nationale.

Quelle opinion faut-il se former de ce reproche permanent ?

Si pour en faire ressortir la légitimité, ses auteurs daignaient enfin nous révéler le programme raisonné d'une méthode supérieure à celle qui est actuellement suivie, nous pourrions du moins mettre la main à l'œuvre pour réaliser les réformes qui nous seraient indiquées. Mais que l'on se borne vaguement à signaler le mal sans nous faire connaître ni ses caractères, ni le remède propre à le guérir, c'est là ce que nous ne pouvons comprendre de la part de quelques esprits dont nous respectons les intentions, sans accepter cependant leurs censures comme l'expression d'une incontestable vérité.

Et à quelle époque ces plaintes, d'autant plus graves qu'elles émanent d'hommes plus haut placés, viennent-elles retentir au milieu de nous ? C'est lorsque la rénovation se fait partout sentir ? lorsqu'une École nouvelle se pose pleine de foi dans l'avenir, en présence des traditions surannées des disciples dégénérés d'Heineccius, de leurs méthodes étroites, de leurs théories sans séve et sans couleur, fière de sa mission de réconcilier avec les études sévères et substantielles les générations qui grandissent ?

Que si par les reproches dont nous parlons, on veut dire que l'enseignement est incomplet, qu'il est temps de créer un enseignement supérieur, que des chaires d'histoire, de philosophie du Droit et de législations comparées sont indispensables, surtout qu'il serait urgent et conforme aux premières notions de la justice, avant de doter de faveurs nouvelles certaines Facultés privilégiées, de rendre à d'autres qui ont la conscience de n'avoir jamais démérité, des sources d'instruction, qu'elles ont longtemps possédées, nous comprendrons tout le mérite de ces observations ; nous nous associerons de toutes nos forces à un vœu déjà plus d'une fois exprimé.

Nota. L'examen des *actions* et de l'*extinction des obligations*, deviendra le sujet d'une dernière livraison.

Toulouse, Imprimerie de Ph. MONTAUBIN, petite rue Saint-Rome, 1.

www.ingramcontent.com/pod-product-compliance
Ingram Content Group UK Ltd.
Pitfield, Milton Keynes, MK11 3LW, UK
UKHW021310190726
13839UKWH00007B/603

9 782329 443386